KEITH / KÖNIGIN ALLER HEILIGEN

RUDOLPH KEITH

KÖNIGIN ALLER HEILIGEN

2 Zyklen Mailesungen über die

Marienverehrung der Heiligen

MIRIAM-VERLAG

D-7893 Jestetten

.

Mit kirchlicher Druckerlaubnis

2. Auflage 1977
© 1977 by Miriam-Verlag, D–7893 Jestetten
Gesamtherstellung: Brönner & Daentler KG, Eichstätt
ISBN 3-87449-110-2

Mit Freuden stellen wir fest, daß wir in einem marianischen Zeitalter leben. Immer mehr erkennen wir die Würde Mariens und die Bedeutung der Marienverehrung für das christliche Leben. Wenn wir aber das Leben der Heiligen betrachten, müssen wir feststellen, daß sie uns hierin längst Vorbild waren und ganz Wesentliches zu sagen haben. Sie wußten um die gemütsmäßigen Werte, deren wir bedürfen, daß unsere Religion nicht hart und furchterregend erscheine, sie haben aber auch gerade durch ihre Marienverehrung den Anschluß an den Meister am lebendigsten vollzogen und das Christusbild vor Verniedlichung und Verzeichnung bewahrt.

In diesen Lesungen ist versucht worden, die Rolle aufzuzeigen, welche die Marienverehrung im Leben der Heiligen gespielt hat. Im ersten Zyklus wurden eine gewisse geschichtliche Reihenfolge eingehalten und nach Möglichkeit die Tagesheiligen des Monats Mai berücksichtigt. Im zweiten Teil treten die Ordensstifter der Kirche als Vorbilder echter Marienminne vor uns. Wenn manchen Menschen von Gott ein besonderes Lebenswerk aufgetragen ist, an dem sie nicht nur selbst wachsen oder scheitern, sondern auch für die Kirche Gottes Entscheidendes tun, dann ist es begreiflich, daß die Mutter der Kirche für diese ihre erwählten Kinder eine besondere Liebe und Hilfsbereitschaft zeigt. Es ist also gar nicht verwunderlich, wenn Maria als besondere Beschützerin, ja Gründerin vieler Ordensgesellschaften verehrt wird und wenn sich ihre mütterliche Liebe im Leben der Ordensstifter oft handgreiflich offenbart.

Anregung und Quelle für diese Mailesungen gaben Sträters Marienkunde und verschiedene Heiligenlegenden, soweit ihre Angaben geschichtlich haltbar sind. Im übrigen hat das Büchlein keinen wissenschaftlichen Zweck, sondern soll eine Erneuerung der Marienliebe und eine Wegweisung zu echter marianischer Frömmigkeit sein, die über den bloßen Nützlichkeitsstandpunkt hinausgeht. Zugleich hören wir, wie die Heiligen ihre Liebe und ihr Vertrauen zu Maria in Gebete hineingelegt haben, die heute noch unsere Frömmigkeit befruchten und vor dem Abgleiten ins Süßliche bewahren.

Möge die Maienkönigin diese Betrachtungen segnen und recht viele auf die Bahn ihrer heiligen Verehrer führen, damit sie imstande sind, für eine bessere Welt zu arbeiten und der erkaltenden Welt die ganze Mutterwärme der Kirche zu erschließen!

Elsenfeld, im Maimonat 1960

Rudolf Keith
Pfarrer

FEST DES HL. JOSEPH, DES ARBEITERS

Mit Freude begrüßen wir wieder den Maimonat, der uns nicht nur die Kunde vom neuen Leben bringt, sondern uns Katholiken auch die tröstlichste Wahrheit wieder ins Herz rufen möchte: daß Maria unsere Mutter ist. Sie steht als schönste Himmelsblume im Garten Gottes. Gar manche, die sogar den Wert des hl. Opfers Christi vergessen haben, fühlen sich durch die Maiandachten wieder angezogen und finden dann über Maria zu Jesus Christus zurück. Es ist nicht verwunderlich, wenn besonders die Heiligen durch Maria die stärksten Antriebe zur Christusliebe empfangen haben.

Wir verstehen es, wenn in den ersten christlichen Jahrhunderten die Marienverehrung nicht jene hervorragende Rolle einnahm, wie wir es später beobachten, galt es doch zuerst den heidnischen Götterkult auszulöschen. Aber seit dem Engelsgruß von Nazareth ist die Marienliebe und Marienverehrung nicht mehr erloschen. Seit dem Jahre 1000 wird der marianische Zug im Leben unserer Heiligen immer stärker.

Wenn die Kirche auf den 1. Mai das Fest des hl. Joseph, des Arbeiters, festgesetzt hat, dann ist das nicht nur eine Aufmerksamkeit gegenüber dem Arbeiter, dessen Bedeutung heute wieder der Welt vor Augen gestellt wird, sondern auch eine Aufmerksamkeit der Gottesmutter gegenüber, denn St. Joseph war der erste menschliche Verehrer Mariens und ist in seiner Haltung geradezu ein Vorbild für jegliche Marienverehrung.

Mit welcher Ehrfurcht mag der heilige Joseph zu Maria aufgeschaut haben, deren irdischer Adel zwar keine Bedeutung vor der Welt hatte, deren innere adelige Gesinnung aber dem Manne aus Nazareth höchste Achtung abverlangte. Wie mußte sich Joseph glücklich schätzen, als ihm Maria vom Gesetze als Braut verlobt wurde! Es zeigt seine tiefe Hochachtung und seinen Glauben an Maria, wenn er auch dann nicht an ihr irre wurde, da die äußeren Anzeichen gegen sie sprachen. Er ahnt wohl ein tiefes Geheimnis, das er nicht ehrfurchtslos ergründen will, wenn er sich mit dem Gedanken trägt, Maria im stillen zu entlassen und freizugeben. Nun aber greift Gott ein, ein Engel darf ihm künden, daß er zum Hüter des menschgewordenen Gottessohnes ausersehen ist und daß er Maria als reine Braut und unberührte Mutter heimführen darf. Jetzt kennt seine Liebe und Verehrung für Maria keine Grenzen mehr. Nun soll all sein Arbeiten, Denken, Leiden und Freuen nur diesen beiden gelten — Jesus und Maria. Wenn Gott ihn immer als Haupt der Hl. Familie betrachtet und behandelt, er sieht sich nur als Diener. Sein ganzes Glück besteht darin: mit Jesus und Maria leben, für sie arbeiten und dasein zu dürfen. So wurde seine Arbeit zum Gottes- und Mariendienst. Mit welcher Liebe und Andacht betete er mit Maria, wie trug er mit ihr alle Leiden und Beschwerden, alle Lasten und Ängste um das göttliche Kind! Nie weicht er von ihrer Seite, nie kommt ein Wort der Klage über seine Lippen.

So lernen wir gleich am ersten Tag des Monats Mai, worauf es bei der Marienverehrung ankommt: nicht auf viele Lieder und schöne Worte, auf ein wenig Stimmung und Gefühl, sondern auf die Hochachtung und Ehrfurcht vor Maria um Jesu willen, auf das demütige Dienen und Arbeiten in ihrem Dienste. Wiederholen wir es nur recht oft in diesem Monat und in unserem Leben: alles für euch, o heiligstes Herz Jesu und heiligstes Herz Mariä, alles in euerem Dienste und unter eueren Augen! Nehmen wir Maria und Jesus in die Mitte unseres Herzens und unserer Familie wie St. Joseph, schauen wir auf zu ihren Tugenden, um von ihnen zu lernen. Besonders wollen wir wie St. Joseph die Herzensreinheit lieben, weil wir ihr ohne diese Tugend nicht gefallen, nicht in ihrer Nähe bleiben können! Mit Maria wollen wir wie Joseph unser Leid und Kreuz tragen und Christus wieder suchen, wie Joseph Tag für Tag unsere himmlische Mutter grüßen und wahrmachen, was wir singen: Maria zu lieben ist allzeit mein Sinn, in Freuden und Leiden ihr Diener ich bin. Amen.

Wir beten das Gebet zum hl. Joseph, wie es nach dem Rosenkranz im Oktober gebetet wird.
Oder: Heiliger Joseph! Du Schützer und Vater jungfräulicher Seelen! Deiner treuen Obhut wurden Jesus Christus, die Unschuld selbst, und Maria, die Jungfrau der Jungfrauen, anvertraut. Um dieser beiden Schützlinge, um Jesu und Mariä willen, bitte ich dich inständig: bewahre mich vor jeder Unreinheit und hilf mir, daß ich stets makellos, rein an Seele und Leib, in aller Keuschheit Jesus und Maria diene! Amen.

DIE HL. ELISABETH

Die erste Frau, die voll Ehrfurcht zu Maria aufschaut, ist die Gattin des jüdischen Priesters Zacharias, die Tante Mariens, die hl. Elisabeth. Sie war gerecht und gottesfürchtig und nun durch eine besondere Gnade Gottes noch Mutter geworden. Der Erzengel Gabriel hatte Maria auf sie hingewiesen, und so machte sich die Jungfrau von Nazareth nach der großen Stunde ihrer Empfängnis auf, Elisabeth zu besuchen und ihr Glück mit der betagten Mutter zu teilen. Der hl. Lukas hat es wohl aus dem Munde Mariens selbst erfahren, wenn er erzählt: «Und sie trat in das Haus des Zacharias ein und grüßte Elisabeth. Sobald Elisabeth den Gruß Mariens hörte, frohlockte das Kind in ihrem Schoße, und Elisabeth wurde mit dem Hl. Geiste erfüllt. Sie rief mit lauter Stimme: ‹Du bist gebenedeit unter den Weibern, und gebenedeit ist die Frucht deines Leibes. Woher kommt mir die Gnade, daß die Mutter meines Herrn zu mir kommt? Selig bist du, weil du geglaubt hast, es werde in Erfüllung gehen, was dir vom Herrn verkündet worden ist›» (Lk 1, 40—45).

So ist Elisabeth die erste, die den Englischen Gruß aufnimmt und fortsetzt und zugleich den Grund aller Marienverehrung anzeigt: Gebenedeit ist die Frucht deines Leibes — und: Selig bist du, weil du geglaubt hast! Weil Maria die Mutter des Herrn ist, dürfen wir sie grüßen als die Gnadenvolle, und weil sie uns Vorbild ist in ihrem Glauben, wird sie die Gebenedeite unter den Frauen.

Elisabeth ist aber auch die erste, welche durch Vermittlung Mariens Gnade erhält. Der Engel Gabriel hatte dem Zacharias bereits vorausgesagt, daß sein Kind Johannes noch im Mutterschoß vom Hl. Geist erfüllt würde. Dieser Augenblick war gekommen, als Maria mit dem Gotteskind unter ihrem Herzen der gesegneten Elisabeth begegnete und die Stimme ihres Grußes an deren Ohr drang. Das Kind Johannes wurde mit dem Hl. Geist erfüllt, das heißt, es bekam nicht nur für einen Augenblick die Erkenntnis, daß der in seiner Nähe ist, für den es einmal Zeugnis ablegen werde, sondern es wurde auch mit der heiligmachenden Gnade geschmückt und schon vor seiner Geburt von der Erbsünde befreit. Deshalb feiern wir ja auch seinen *Geburtstag*.

Das wird nun fortan immer der Weg sein, auf dem Christus zu den Menschen kommen will: durch Maria. Die demütige Jungfrau selbst darf einen Blick tun in das gnadenvolle Walten Gottes, und ihr prophetischer Geist schaut all die Scharen der Gläubigen, die in allen kommenden Jahrhunderten zu ihr kommen, sie schaut auch uns und jubelt auf: «Siehe, von nun an werden mich selig preisen alle Geschlechter!» Das Ave, das der Engel anstimmte und Elisabeth fortsetzte, wird nicht mehr verstummen in Ewigkeit.

Wie handeln doch die Mütter so ganz im Geiste der hl. Elisabeth, wenn sie in ihren gesegneten Tagen so gern zu Maria gehen. Sie wollen nicht nur Mariens Fürbitte für ihre schwere Stunde erflehen, sondern auch für ihr Kind schon vor der Geburt etwas von dem Gnadensegen, den Maria ins Haus der Elisabeth gebracht hat. Wie viele Mütter haben ihre Kinder schon vor der Geburt dem Herrn oder seiner heiligen Mutter geweiht, und Maria hat diese Weihe angenommen und dazu geholfen, daß es heilige Kinder wurden, die der Welt Heil und Segen vermittelten und gleich einem Johannes dem Herrn ein bereites Volk schufen. Darum halten auch wir den Priestersamstag, weil Maria den ersten Segen in ein Priesterhaus brachte und weil es kaum einen Priester gibt, der nicht seinen Beruf und sein gesegnetes Wirken der Gottesmutter zu verdanken hätte.

Lasset uns beten! Unsere Liebe Frau vom Heiligen Herzen, denke daran, welch unbeschreiblich große Macht dein göttlicher Sohn dir über sein anbetungswürdiges Herz verliehen! Voll Vertrauen auf deine Verdienste kommen wir zu dir und bitten um deine Hilfe.

Du bist die himmlische Schatzmeisterin des Herzens Jesu, jenes Herzens, das der nie versiegende Quell aller Gnaden ist. Du kannst es nach Belieben öffnen und die Schätze seiner Liebe und Erbarmung, des Lichtes und Heils, die in ihm ruhen, auf die Menschen herabfließen lassen.

Wir bitten dich, gib uns die Gnaden, um die wir dich anflehen... Von dir werden wir nicht abgewiesen. Weil du unsere Mutter bist, Unsere Liebe Frau vom Heiligen Herzen, nimm unsere Bitten gütig an und erhöre sie. Amen.

A. Maria, Königin des Priesterstandes, bitte für uns! Erflehe uns viele heilige Priester. Amen.

DER HL. EPHRÄM

Wenn unser gläubiges Volk so gerne die Maiandachten besucht, dann nicht zuletzt wegen der Lieder, die Ausdruck des Glaubens und der Liebe zu Maria sind. Da genügen Worte und Gebete nicht mehr, da weitet sich das Herz, und der Mensch muß jubeln und singen. Wie Luther einst seine neue Lehre mit Liedern verbreitete, so taten es auch schon die Irrlehrer der ersten Jahrhunderte, wie z. B. die Arianer, welche in Christus nur ein Geschöpf des Vaters sehen wollten. Gottes Vorsehung hat damals im hl. Ephräm einen Mann erweckt, der als begabter Dichter und Sänger Kirchenchöre bildete, welche in vollendeten Liedern die wahre Lehre in die Herzen der Gläubigen hineinsangen. Die große Bedeutung des Liedes für das Glaubensleben kommt dadurch zum Ausdruck, daß unter Benedikt XV. der hl. Ephräm, diese «Harfe des Hl. Geistes», zum Kirchenlehrer erhoben wurde.

Ephräm stammt aus einer Familie, die mehrere Blutzeugen in der diokletianischen Verfolgung aufzuweisen hatte. Seinen jugendlichen Leichtsinn, der wohl aus seiner dichterischen Begabung hervorging, und seinen Jähzorn hatte er bald durch eine unvergleichliche Sanftmut, Demut und Innerlichkeit überwunden. Seine Heiligkeit war so groß, daß man ihn zum Bischof wählte, seine Demut aber willigte nur ein, die Weihe des Diakonates zu empfangen, um durch Predigen das Reich Gottes schützen und ausbreiten zu können. Um allen Lobeserhebungen aus dem Wege zu gehen, scheute er sich nicht, seine Sünden öffentlich zu bekennen. So wirkte er lange Jahre durch Wort und Beispiel in Edessa. Alle Geheimnisse des Glaubens, alle Grundsätze der christlichen Lebensführung hat er in Verse gebracht. Neben Buße und Gericht waren es vor allem die Gnadenvorzüge der seligsten Jungfrau, die er in Liedern und Hymnen besungen hat. Sie sind noch vielfach in der hl. Liturgie im Gebrauch. Diese Lieder sind ein gesungenes Evangelium, das keiner Erklärung bedarf.

In der Verehrung der Unbefleckten Empfängnis war er unter den ersten, die dieses Geheimnis erkannt haben, und seine Marienlieder gehören zu den ältesten Preisgesängen auf die allerseligste Jungfrau. Er preist Mariens Seelenschönheit wie kein anderer Kirchenlehrer. Daß ihn deshalb auch der Haß der Arianer verfolgte, ist begreiflich. Mehrmals trachteten sie ihm nach dem Leben, aber Maria hielt immer ihre schützende Hand über ihn. Als der arianische Kaiser Valens mit Heeresmacht gegen Edessa zog, um diese katholische Stadt zu vernichten, da zogen auch Hunger und Pest in die Stadt ein. Jetzt vergaß Ephräm seine eigenen Leiden. Mit dem Bettelsack zog er für die Hungernden von Tür zu Tür und pflegte selbst die Pestkranken, bis er im Kreise seiner Jünger sein letztes Lied anstimmte — es war im Marienmonat Mai des Jahres 373.

Unser Volk hat ein Sprichwort: «Fromm gesungen ist doppelt gebetet.» Beim Lied haben wir Zeit, die göttlichen Wahrheiten zu betrachten und religiöse Erlebnisse zu vertiefen. Wie kostbar ist es, wenn schon in den Herzen der Kinder fromme Lieder und Melodien das Herz mit Wärme und Gottesliebe erfüllen! Welche Verantwortung ist es für unsere christlichen Familien, wenn daheim kein religiöses Lied mehr erklingt und dafür die Schlager des Radios schon die Herzen der Kleinen verderben und verweltlichen! Unsere Aufgabe im Himmel wird einst das Lob Gottes sein. Wir wollen uns hier schon darauf einüben, in der Kirche und daheim oft den Mund öffnen zum Lobpreis Gottes.

Gebet zur Jungfrau Maria: Mächtige Jungfrau, du liebevolle Helferin hochgebenedeite Jungfrau, du bist die Mutter eines hohen Sohnes, des Herrn der ganzen Schöpfung. Du bist ohne Sünde und Schuld, ganz heilig. Du bist die Hoffnung der Verzweifelnden und der Sünder. Wir grüßen und preisen dich als die Gnadenvolle, die Christus, den Gottmenschen, geboren. Vor dir werfen wir uns alle nieder, rufen zu dir und bitten um Hilfe.

Heilige, unversehrte Jungfrau, bewahre uns vor jedem Unglück und vor allen Versuchungen des Teufels! Sei unsere Mittlerin und Fürsprecherin in der Stunde des Todes und des Gerichtes! Rette uns vor dem drohenden unauslöschlichen Feuer und vor der äußersten Finsternis!

Liebenswürdige, mildeste Jungfrau und Mutter, laß uns würdig werden, die Herrlichkeit deines Sohnes zu schauen. Du bist unsere einzige, sichere, untrügliche Hoffnung bei Gott. Ihm gebührt Ruhm und Ehre, Herrlichkeit und Macht in alle Ewigkeit. Amen.

DER HL. CYRILLUS VON ALEXANDRIEN

Unter den Verehrern der seligsten Jungfrau in den ersten Jahrhunderten ragte der hl. Cyrillus hervor, der im Jahre 412 auf den bischöflichen Stuhl von Alexandrien, der Metropole Ägyptens, erhoben wurde. In der Wissenschaft vorzüglich ausgebildet, zeichnete er sich besonders durch seinen Mut in der Verteidigung des rechten Glaubens gegen die Irrlehrer aus. Besonders ragten seine Romtreue und seine Marienliebe hervor. Unter den Irrlehrern befand sich sogar der Patriarch Nestorius von Konstantinopel, den auch der Kaiser stützte. Er stellte die Behauptung auf, Christus sei nur als Mensch geboren, dann aber wegen seiner Heiligkeit mit der göttlichen Würde ausgestattet worden. Er trennte also die göttliche von der menschlichen Natur Christi und sprach darum auch Maria den Titel «Gottesgebärerin» ab, sie könne nur «Christusgebärerin» genannt werden. Ein großer Sturm der Entrüstung erhob sich in der Christenheit. Cyrillus machte sich nun mit der ihm eigenen Geistesschärfe an die Verteidigung der beiden Glaubenssätze, die so innig miteinander verbunden sind: Jesus Christus ist wahrer Gottmensch vom Augenblick der Empfängnis an, und daher ist Maria auch wahrhaft Gottesmutter. Um der Ehre des Bischofsamtes willen versuchte Cyrillus zunächst den Patriarchen in brüderlicher Weise zu einem Widerruf seiner falschen Lehre zu bewegen, aber es war umsonst. So erstattete er Anzeige beim Papst, der die Streitfrage in einem öffentlichen, allgemeinen Konzil zu Ephesus entscheiden lassen wollte. Im Jahre 431 versammelten sich dort 200 Bischöfe, über welche Cyrillus den Vorsitz führte. Nestorius kam mit Soldaten, die die Bischöfe beschimpften und angriffen. Doch die Konzilväter ließen sich nicht einschüchtern. Unter Führung des Cyrillus verurteilten sie feierlich die Irrlehre des Nestorius und erklärten ihn des Bischofsamtes für verlustig. Klar wurde die katholische Glaubenslehre ausgesprochen: «In Christus Jesus sind in der einen göttlichen Person zwei Naturen, die göttliche und menschliche, vereinigt. Darum ist auch Maria wahrhaft Gottesgebärerin, Mutter Gottes.» Das Volk hatte bis spätabends auf den Entscheid des Konzils gewartet und feierte nun in unbeschreiblichem Jubel den Sieg der rechten Lehre. Mit Fakkeln geleiteten sie die Bischöfe im Triumph nach Hause. Man küßte ihre Hände und Kleider. Frauen und Jungfrauen trugen goldene Gefäße vor ihnen einher, in denen die köstlichsten Rauchwerke des Morgenlandes brannten. Die ganze Stadt war beleuchtet und tönte wider von Lobgesängen zu Ehren der seligsten Jungfrau: Der Feind der Jungfrau ist besiegt, es lebe Maria! Es lebe die große, die erhabene, die glorreiche Gottesgebärerin!

Da aber hinter dem Irrlehrer der Kaiser stand, traf den Cyrillus und seine bischöflichen Mitbrüder der Haß der Feinde. Fast zwei Jahre wurde Cyrillus eingekerkert, aber niemand konnte seine Glaubenstreue brechen, und schließlich setzte sie sich durch.

Daß dieses Konzil einen sehr entscheidenden Schritt in der Verehrung Mariens bedeutete, hat Papst Pius XI. bei der 1500jährigen Jubelfeier des Konzils von Ephesus in einer eigenen Enzyklika aufgezeigt. Auf der Gottesmutterwürde Mariens gründen all ihre anderen Privilegien: die Unbefleckte Empfängnis, ihre stete Jungfräulichkeit, ihre gänzliche Sündenlosigkeit und ihre leibliche Aufnahme in den Himmel. Seit diesem Jubiläum haben wir auch das Fest der Gottesmutterschaft Mariens am 11. Oktober. Das Fest ihres Verteidigers, des hl. Cyrillus, feiert die Kirche am 9. Februar.

Halten wir uns an unsere Bischöfe und besonders an den Heiligen Vater in Rom; und wir werden in unserer Marienverehrung immer die rechte Linie wahren. Treten wir ein für die Ehre der Gottesmutter, auch wenn wir dafür Spott oder Geringschätzung einstecken müssen. Die wahre Kirche gibt Maria immer den Platz, der ihr gebührt, und wo Maria ist, dort ist die wahre Kirche Christi.

Gebet des hl. Cyrillus zu Maria. Sei gegrüßt, Mutter und Jungfrau, der Gottheit unsterblicher Tempel, du Schatz und Glanz der Welt, du Zierde der Jungfrauen, du Stütze unseres Glaubens! Du, die du Gott geboren und unter deinem reinen Herzen getragen hast, den kein Ort zu fassen vermag; du, durch welche die Heiligste Dreifaltigkeit gepriesen und angebetet wird, durch die in der ganzen Welt das Kreuz verehrt wird!

Wer vermag dich würdig zu loben, da du über alles Lob erhaben bist! O jungfräuliche Fruchtbarkeit, o unerklärliches Wunder! Unsere ganze Weisheit, unsere ganze Freude bestehe darin, daß wir durch das Lob der allzeit reinen Jungfrau Maria den dreieinigen Gott fürchten und ehren, denn sein ist die Herrlichkeit von Ewigkeit zu Ewigkeit. Amen.

DER HL. PAPST PIUS V.

Zur Zeit, da die Kirche im Norden durch die Glaubensspaltung
großen Schaden erlitt und im Süden und Osten die Christenheit durch
die Türken bedroht war, schenkte ihr Gott einen Steuermann, der das
Schifflein Petri sicher und gut durch die Wogen geleitete: den hl. Papst
Pius V. Er war am 17. Januar 1504 in einer armen oberitalienischen
Familie geboren. Früh schon war er bei den Dominikanern eingetreten,
welche die Marienverehrung eifrig pflegten. Trotz seines innersten
Widerstrebens hatte er alle Stufen der kirchlichen Würden durchlaufen,
bis er mit 62 Jahren Papst wurde. Weil er wenig aß und wenig schlief,
machte er den Eindruck eines Greises, der die Bürde des obersten
Kirchenamtes nicht lange tragen würde. Aber Rom wurde unter ihm
wieder eine heilige Stadt. Auch Deutschland lag ihm besonders am
Herzen. Vor allem ermunterte er die deutschen Bischöfe dazu, viele
gute Schriften unter das Volk zu bringen. Der Piusverein hält dieses
Anliegen heute noch aufrecht.

Eine Rettungstat ersten Ranges aber war es, als Pius V. die Christenheit zur Abwehr der Türkengefahr aufrief. Mit Mühe und Not
vermochte er Venedig und Spanien zur gemeinsamen Abwehr zu bewegen, wobei man jedoch mit der lächerlich kleinen Flotte dem Feinde
niemals gewachsen sein konnte. Pius V. aber vertraute der Gottesmutter
und predigte die Lieblingsandacht des Dominikanerordens, den hl.
Rosenkranz. Er verordnete Buß- und Bettage. So kam der 7. Oktober
1571, an dem eine große Rosenkranzprozession durch Rom zog. In
diesem Augenblick sah Pius im Geiste den Sieg der christlichen Flotte,
der die feindliche für immer unschädlich machen sollte. 30 000 Türken
mußten in dieser Seeschlacht von Lepanto ihr Leben lassen, das Abend-
land war gerettet. Unbeschreiblich groß war der Jubel der Christenheit. Zum ewigen Gedächtnis an diesen Sieg setzte Pius für den 7. Oktober das Rosenkranzfest ein und ließ in die lauretanische Litanei die
Anrufung einfügen: Du Hilfe der Christen! Damit wollte Pius V. allen
Gläubigen sagen, daß man die Feinde der Religion nicht so sehr mit
Waffen als vielmehr durch Buße und Reue und Gebet zu Maria be-
siegen könne. Das ist auch die Mahnung der Gottesmutter selbst in all

ihren Erscheinungen der letzten Jahrzehnte: wenn man büßt und den Rosenkranz betet, wird die Gottlosigkeit überwunden, und es wird Friede sein! — Das ist ein wesentlicher Zweck der Maiandacht, den wir nicht übersehen dürfen. Es geht nicht nur um unsere Erbauung, sondern um die Rückkehr der Welt zu Gott durch Maria.

Pius V. war der letzte vor Pius X. heiliggesprochene Papst, und wenn er am 1. Mai 1572 sein Leben aushauchen konnte, dann erscheint das wie ein gütiger Wink seiner himmlischen Herrin, daß sie seine Bemühungen um ihre Verehrung gnädig angenommen habe. Auch seine Heiligsprechung geschah im Mai 1712, sein Fest wird heute gefeiert. Sein Leib aber wurde in der von ihm gebauten Kapelle der Krippe in der großen Marienkirche zu Rom beigesetzt.

Gebet zur Jungfrau Maria: Mächtige Jungfrau, du liebevolle Helferin des christlichen Volkes, wie müssen wir dir dankbar sein für den Schutz, den du unseren Vätern geliehen, als sie von den ungläubigen Türken bedroht waren! Sie beteten andächtig den Rosenkranz und riefen zu dir um deine mütterliche Hilfe. Du sahst vom Himmel aus die Gefahr, in der sie schwebten, und hörtest ihren Jammerruf. Das demütige Gebet, zu dem der große heilige Papst Pius V. sie ermunterte, war dir wohlgefällig, und bereitwillig kamst du ihnen zur Hilfe. Liebe Mutter, laß auch heute das anhaltende Bittgebet der heiligen Braut Christi vor deinen Thron gelangen und Gnade finden! Laß dich aufs neue zum Mitleid rühren, erhebe dich noch einmal, sie zu retten vor den vielen Feinden, die sie bedrohen! Auch heute dringt von jedem Winkel der Erde das dir wohlvertraute Gebet zu deinem Thron empor, du mögest gnädig herabschauen wie damals auf unsere jetzige Not. Doch unsere Sünden lassen es nicht wirksam werden oder verzögern wenigstens seine Wirkung. Darum, liebe Mutter, erbitte uns eine wahre Reue über unsere Sünden und den festen Willen, lieber zu sterben als Gott noch einmal zu beleidigen. Es ist uns unendlich leid, daß durch unsere Schuld die Hilfe versagt oder verzögert wird, die wir so dringend brauchen. Wohlan denn, gütige Mutter, neige dich zu den Bitten der katholischen Welt, demütige den Stolz der unglücklichen Menschen, die in ihrem Übermut lästern wider Gott und die Kirche vernichten möchten! Nach einem untrüglichen Wort unseres Heilandes werden die Pforten der Hölle sie nie überwältigen. Laß uns noch einmal erfahren, daß der Sieg ihr sicher ist, wenn du dich erhebst, sie zu schützen. Amen.

DER HL. JOHANNES VON DAMASKUS

Heute ist der Gedenktag des hl. Apostels Johannes, der vor der lateinischen Pforte in Rom bei der Christenverfolgung um das Jahr 100 in einen Kessel siedenden Öles geworfen wurde, aber unversehrt daraus hervorgegangen ist. Ihm wurde als dem jungfräulichen Jünger unter dem Kreuze Maria anvertraut. Weil er in den dunklen Stunden des Karfreitags in der Nähe Mariens blieb, hielt er auch aus unter dem Kreuze. Jesus belohnte seine treue Liebe dadurch, daß er die Gottesmutter in sein Haus aufnehmen und für sie sorgen durfte. So sehen wir, wie Christus- und Marienliebe immer zusammengehen und eine von der andern lebt.

Wir begehen aber auch den Todestag eines anderen Johannes, der ebenso ein glühender Verteidiger der Ehre Mariens war und im Jahre 754 gestorben ist; es ist der hl. Johannes Damascenus. Wie sein Vater war auch er Statthalter von Damaskus, doch legte er später sein Amt nieder, als er sah, daß es ihn in Gefahren für seinen Glauben bringen mußte. Er zog sich in ein Kloster Jerusalems zurück und wurde dort zum Priester geweiht. Hier widmete er sich so sehr der heiligen Wissenschaft, daß er mit seiner Weisheit später den Grund legte zur eigentlichen wissenschaftlichen Theologie. In ihm steht noch einmal ein gewaltiger Wortführer der alten Kirche auf, der letzte der morgenländischen Kirchenlehrer. Rings um ihn hatte ein tiefer Verfall eingesetzt, der mit der Lostrennung der griechischen Kirche vom Felsen Petri endete.

Damals stellte sich der oströmische Kaiser an die Spitze einer Irrlehre, welche die Bilderverehrung ablehnte. Zahllose Kirchen wurden ihrer Statuen und Bilder beraubt, indem man sich auf das Gebot Gottes berief: «Du sollst dir kein geschnitztes Bild von mir machen.» Diese Irrlehre wirkte später noch nach, und auch in Böhmen und Deutschland gab es solche Bilderstürmer. Da war es Johannes Damascenus, der mit überzeugender Kraft in Wort und Schrift bewies, daß dieses Gebot nur für das Alte Testament galt. Er verfaßte viele Reden und Gedichte, unter denen sich besonders jene auszeichnen, die über die Verehrung und Herrlichkeit der Mutter des Herrn handeln. Unzählige Bilder der Gottesmutter konnte der hl. Johannes dadurch vor der Vernichtung retten, daß er darauf hinwies, wie die ersten Christen schon in den Katakomben durch Bilder und Skulpturen ihren Glauben zum Ausdruck brachten. So hat die griechische Kirche bis auf den heutigen Tag in ihren kostbaren Marienbildern nicht nur die Verehrung der Gottesmutter, sondern auch den rechten Glauben bewahrt. Weil der Kaiser von Konstantinopel keine andere Handhabe gegen Johannes hatte, verleumdete er ihn beim Kalifen von Damaskus, der diesen Anschuldigungen auch Glauben schenkte und ihm die rechte Hand abhacken ließ. Aber die seligste Jungfrau heilte ihn wieder. Darauf verteilte er seine Güter unter die Armen und lebte in Zurückgezogenheit in Jerusalem.

Daß Johannes mit seiner Verteidigung der Bilder auf dem Boden des wahren Glaubens stand, bezeugte ihm nicht nur der damalige Papst Gregor III., sondern auch Gott selbst, der im Lauf der Jahrhunderte an vielen Gnadenorten mit dem Bilde Mariens zahlreiche Wunder geschehen ließ.

Was wäre uns der Mai ohne die blumengeschmückten Bilder Mariens in Kirche und Haus! Wir kennen nicht das Antlitz Mariens, aber die Seele ist es, welche den Leib formt, und daher hat sich ohne Zweifel ihre Reinheit, Demut, Güte und Tapferkeit auch in ihrem Äußeren ausgeprägt. So haben denn die Künstler aller christlichen Jahrhunderte versucht, uns ein Bild Mariens zu schenken, das unseren Vorstellungen entspricht; aber immer wieder bewahrheitet sich das Wort des Dichters: «Ich sehe dich, Maria, in tausend Bildern lieblich ausgedrückt, doch keins von allen kann dich schildern, wie meine Seele dich erblickt.» Unsere Verehrung gilt ja auch nicht dem Bilde an sich, sondern jener, die es darstellen soll; aber durch eine würdige und schöne Darstellung der Gottesmutter werden nicht nur unser Vertrauen und unsere Liebe zu ihr gefördert, sondern auch unsere Seele zur Nachahmung ihrer Tugenden aufgerufen.

So flehen wir denn zum hl. Johannes von Damaskus im Kirchengebet: Allmächtiger, ewiger Gott, Du hast den hl. Johannes mit himmlischer Lehrweisheit und wunderbarer Geisteskraft ausgerüstet, damit er die Verehrung heiliger Bilder verteidige. Verleihe uns durch seine Fürbitte die Gnade, die seligste Jungfrau, deren Bilder wir verehren, auch in ihren Tugenden nachzuahmen und ihren Schutz zu erfahren. Durch Christus unsern Herrn. Amen.

DER HL. STANISLAUS KOSTKA

Die Kirche feiert heute den hl. Martyrerbischof Stanislaus, der wegen seines Freimutes gegen den gottlosen Polenkönig Boleslaus im Jahre 1079 am Altare der Michaelskirche in Krakau von diesem selbst getötet wurde. Das katholische Polen hat noch einen andern Heiligen dieses Namens, der im Jahre 1550 geboren wurde. Sein Leben und seine Lebensschicksale haben mit denen des hl. Aloisius große Ähnlichkeit. Er war von einer solchen Unschuld und Liebenswürdigkeit, daß ihn die Dienerschaft des Hauses nur als Engel bezeichnete. Jedes unanständige Wort griff ihn derartig an, daß er erblaßte oder ohnmächtig wurde. Mit 14 Jahren schickte ihn sein adeliger Vater samt dem älteren Bruder Paul nach Wien in eine Erziehungsanstalt der Jesuiten. Als diese aufgehoben wurde, mietete sein Hofmeister eine Wohnung bei einem Protestanten, der ihm in der Ausübung seiner Religion die größten Hindernisse in den Weg legte. Auch sein eigener Bruder war bei diesen Schikanen nicht unbeteiligt, denn das vorbildliche Leben seines Bruders Stanislaus war ihm ein steter Vorwurf. Täglich wohnte er zwei bis drei hl. Messen bei, betete oft bis Mitternacht und fastete streng. In einer schweren Krankheit ließen die protestantischen Hausbesitzer keinen katholischen Priester zu ihm. Innig betete Stanislaus zur Gottesmutter, und siehe, die hl. Barbara, begleitet von zwei Engeln, brachte ihm die hl. Kommunion. Maria aber munterte ihn auf und gab ihm auch den Heiland in Gestalt eines Kindes in die Arme. Stanislaus war vor Freude ganz außer sich und dachte an nichts anderes mehr als an Jesus, und wie er ihn bald im Himmel ewig besitzen werde. Maria aber erklärte ihm, er müsse sich den Himmel erst noch verdienen und daher in die Gesellschaft eintreten, die Jesu Namen trage. «Mein Sohn verlangt es, und ich befehle es dir an seiner Statt»,

Niemals vergaß er, daß er die Gnade der Berufung zum Ordensstand der Himmelskönigin verdankte. Vom Rosenkranz bekannte er: «Das ist der Schild, womit mich die Mutter Gottes vor den Pfeilen des Todes bewahrt hat.» Sein Wahlspruch war: «Ich bin zu Höherem geboren!» Auf die Frage, ob er Maria liebe, antwortete er voll Verwunderung: «Warum sollte ich sie nicht lieben, sie ist ja meine Mutter!»

Aus Eifer für die Verherrlichung Mariä hatte er es sich zur Aufgabe gemacht, alles zu sammeln, was die hl. Väter zum Lobe Mariens an Glorreichem geschrieben haben. In seinen Unterhaltungen verstand er es immer wieder, etwas zur Ehre Mariens zu erzählen. Seine Liebe zur Mutter des Herrn war so groß, daß er kaum den Augenblick erwarten konnte, wo er bei ihr im Himmel sein würde. Er war kaum 10 Monate im Noviziat, als diese Stunde für ihn kam. Am Himmelfahrtstage, dem 15. August 1568, erschien ihm die Himmelskönigin, umgeben von einer Menge heiliger Jungfrauen. Leuchtenden Auges verkündete er es den daknienden Mitbrüdern: «Da kommt die Heiligste Jungfrau!» Mit 18 Jahren starb er als der Benjamin unter den heiligen Bekennern.

Maria will nichts anderes als uns hinführen zu Jesus, ihrem göttlichen Sohne. Alle sollen in seiner Gesellschaft sein, und die schönste Andacht zu ihr ist der Besuch der hl. Messe und der Empfang der hl. Kommunion. Wer Jesus nahe ist, der ist auch Maria nahe. Besonders ist es immer eine Gnade, die der Mensch durch Maria erlangt, wenn er in den Dienst des Herrn tritt im Priester- oder Ordensstand. Es ist ein Gesetz der Gnadenordnung Gottes: durch Maria zu Jesus — jetzt im Leben und einmal im Sterben, und daher bitten wir vertrauensvoll unsere himmlische Mutter: Nach diesem elenden Leben zeige uns Jesus, die gebenedeite Frucht deines Leibes! Amen.

Lasset uns beten! Heiliger Stanislaus, mein liebevoller Beschützer, du warst ein Engel an Reinheit, ein Seraph der Liebe. Ich freue mich mit dir über deinen seligen Tod. Er ward verursacht durch dein Verlangen, Maria in ihrer himmlischen Herrlichkeit zu schauen, und bewirkt durch deine innige Liebe zu ihr. Ich danke Maria, daß sie deinen Wunsch erfüllte. Um der Verdienste deines Todes willen bitte ich dich, sei mir Fürsprecher und Beschützer im Tode! Tritt bei Maria für mich ein, daß ich sterben kann, wenn nicht so glücklich wie du, so doch wenigstens friedlich unter dem Beistand Mariens, meiner Fürsprecherin, und mit deiner Hilfe, mein besonderer Schutzpatron!

Bitte für uns, o heiliger Stanislaus! Auf daß wir würdig werden der Verheißungen Christi.

Lasset uns beten! Gott, du hast neben anderen Wundern Deiner Weisheit auch dem zarten Alter die Gnade gereifter Heiligkeit verliehen. Wir bitten dich, gib, daß wir nach dem Beispiel des hl. Stanislaus unsere Zeit durch eifriges Wirken wieder einbringen und so der ewigen Ruhe entgegeneilen. Durch Christus, unsern Herrn. Amen.

ERSCHEINUNG DES HL. ERZENGELS MICHAEL

Es gibt einige wunderbare Erscheinungen des hl. Erzengels Michael, deren wir am heutigen Tage gedenken. Wir betrachten jene, die mit der Königin der Engel in Beziehung steht. Als Zehntausende in fast allen Ländern Europas von der Pest hinweggerafft wurden, ordnete Papst Gregor der Große im Jahre 590 an, daß öffentliche Gebete und Gelübde, Bußpredigten und Bußübungen verrichtet würden, aber es schien alles umsonst zu sein. Da nahm der oberste Hirt der Kirche seine Zuflucht zu Maria und stellte sich und das Volk ganz unter ihren Schutz. Er verordnete eine feierliche Prozession mit dem Gnadenbild der Gottesmutter, das in der Großen Marienkirche Roms verehrt wurde, und ließ alles Volk und den gesamten Klerus daran teilnehmen. Und siehe, Maria offenbarte ihre Macht und Liebe. In allen Straßen, durch welche die Prozession führte, erlosch plötzlich die Pest, und als der Zug zum Grabmal des Kaisers Hadrian am Tiberfluß kam, erschien dem hl. Gregor der hl. Erzengel Michael in der Gestalt eines Menschen, der ein blutiges Schwert in die Scheide steckte, zum Zeichen, daß durch die Fürbitte Mariens die Heimsuchung ein Ende nehme. Zu gleicher Zeit hörte man die Engel den Lobgesang anstimmen: Regina coeli, laetare, alleluja! Freu dich, du Himmelskönigin, alleluja! – Seit dieser Zeit hat die Kirche diesen Lobgesang in die österlichen Tagzeiten aufgenommen. Das Grabmal des Hadrian aber wurde nun Engelsburg genannt, und über ihm wurde eine erzene Statue des hl. Michael aufgestellt, wie er das Schwert in die Scheide steckt.

Maria und die Engel stehen vom Anbeginn der Schöpfung in inniger Verbindung. Die hl. Väter sagen, daß Gott den Geistern die Gestalt des Sohnes und seiner Mutter zeigte. Ein Teil der Geister wollte weder einen Gott in Menschengestalt anbeten noch einer Königin huldigen, die reiner Mensch war. Die guten Geister aber unterwarfen sich dem Ratschluß Gottes und beugten sich vor dem Weibe als ihrer Königin, noch ehe sie ins Dasein getreten war. An ihrer Spitze stand Michael, der den Satan stürzte, welcher dem Weibe und ihrem Kinde Feind war.

Von einem anderen Fürstenengel, dem hl. Erzengel Gabriel, wird Maria in das Evangelium hineingeleitet. Im höchsten Auftrag Gottes und im Namen aller Engel entbietet er ihr das Ave. — Wenn die neun Chöre der seligen Geister ihre Knie vor Gott beugen und ihm Dreimalheilig singen, dann fügen sie auch freudig ihre Ave Maria hinzu.

So sind die beiden Erzengel Michael und Gabriel die ersten Marienverehrer der Heilsgeschichte, und wir selbst kennen keinen schöneren Gruß für die Königin des Himmels und der Erde als jenen, den Engelsmund auf die Erde gebracht hat. Millionenmal steigt er nun in diesem Monat auf zu ihr, und wir wollen mit größerer Liebe und Andacht als bisher mit den Engeln vereint sprechen: «Gegrüßet seist du Maria!»

Wir sehen aber auch an diesem Beispiel aus der Kirchengeschichte, wie wohlgefällig Gott dem Herrn die Bittprozessionen und Wallfahrten sind, die wir zu einem der Gnadenorte Mariens unternehmen, und nicht wenige sind dabei, an denen Maria als Königin der Engel verehrt wird, wie in der Diözese Würzburg auf dem Engelberg am Main bei Miltenberg. Die Engel sind nicht nur der Hofstaat Gottes, sondern auch die Diener Mariens, wenn es gilt, den Verehrern der Himmelsmutter zu helfen.

Laß mich dich preisen, heilige Jungfrau Maria! Gib mir Kraft wider deine Feinde!

Preiset den Herrn, ihr seine Engel alle, die ihr so kraftgewaltig gehorchet seinem Worte! Preiset den Herrn, ihr seine Heere alle, die ihr dienet ihm, vollstreckt seinen Willen!

Heiliger Erzengel Michael, schütze uns im Streite und laß uns nicht zugrunde gehen im schrecklichen Gerichte! Amen.

DIE HL. BERNADETTE

Es sind nun über 100 Jahre her, daß die Gottesmutter an einem kalten Wintertage, dem 11. Februar 1858, dem schwächlichen und ungebildeten Hirtenmädchen Bernadette Soubirous in einer Felsengrotte erschien und mit ihm den Rosenkranz betete. Noch siebzehnmal sollte das Kind diese Gnade empfangen, bis diese Erscheinung am 16. Juli, dem Fest Unserer Lieben Frau vom Berge Karmel, zu Ende ging. Nie sprach Bernadette davon, wenn sie nicht gefragt wurde, und immer blieb sie zurückhaltend und bescheiden, ob sie als Heilige hingestellt oder als Schwindlerin beschimpft wurde. Nur das eine wollte sie: dem Rufe Mariens Gehör verschaffen, die verlangt hatte: Buße, Buße, Buße! Um sich den neugierigen Blicken der Welt zu entziehen und sich ganz dem Dienste Gottes und Mariä zu weihen, trat Bernadette in ein Kloster ein und sah niemals mehr den Ort, wo sie so Großes geschaut hatte. Als Krankenschwester und Sakristanin diente sie 14 Jahre lang unter großen Schmerzen Gott und seiner hl. Mutter, bis sie als 35-jährige auf dem Sterbebette lag. Vor ihrem Sterben wiederholte sie nochmals ihre Erzählungen über die Vorgänge bei der Grotte, die inzwischen durch zahllose Wunder bekräftigt worden waren. Die als Regenpfütze verspottete Quelle war ja inzwischen zu einem Gnadenquell geworden, der den ganzen Erdkreis überflutete. Nichts nahm sie zurück, nichts fügte sie hinzu. Am Mittwoch nach Ostern, den 16. April 1879, nachmittags drei Uhr streckte Bernadette die Arme aus und betete: «Heilige Maria, Mutter Gottes, bitte für mich arme Sünderin, heilige Maria, bitte für mich arme Sünderin.» Dann rief sie nochmals laut: «Ich habe sie gesehen, ich habe sie gesehen», und mit diesen Worten verschied sie.

Bernadette hatte schon früh eine große Neigung zum Gebet und eine innige Liebe zur Hl. Jungfrau. Sobald die Glocke zum Engel des Herrn läutete, kniete sie auf freiem Feld nieder und betete den Avegruß, der zeitlebens das Hohelied ihrer kindlichen Liebe zur unbefleckten Gottesmutter blieb. Da sie asthmatisch war und den Unterricht nicht regelmäßig besuchen konnte, hatte sie mit 12 Jahren noch nicht kommuniziert. Erst gegen Ende der Erscheinungen, im Juni 1858, durfte sie zur ersten hl. Kommunion gehen. Einige Monate darnach wurde sie in die Kongregation der Kinder Mariä aufgenommen. Am Fest Unserer Lieben Frau von den Sieben Schmerzen durfte sie Profeß ablegen und der Schmerzensmutter im Leiden nachfolgen. Als der Priester ihr einmal in ihrem dreiwöchigen Todeskampf sagte: «Nun, Schwester Bernada, müssen Sie das Opfer des Lebens bringen», da lächelte die Dulderin und sprach: «Ach, mein Vater, es ist doch kein Opfer, diese Erde zu verlassen, wo es soviel Mühe kostet, Gott nicht zu beleidigen, und wo man soviel Mühsalen ausgesetzt ist!»

Einem Mädchen, das sie fragte: «Liebe Schwester, ist es wahr, daß Sie die Heilige Jungfrau gesehen haben, war sie schön?» antwortete Bernadette leise: «Sehr schön, so schön, daß man, wenn man sie einmal gesehen hat, zu sterben wünscht, um sie bald wiederzusehen!»

Als 30 Jahre nach ihrem Tode der Seligsprechungsprozeß eingeleitet und ihr Grab geöffnet wurde, war keinerlei übler Geruch zu spüren. Gesicht, Hände und Arme waren weiß, der Mund ein wenig geöffnet, so daß die Zähne sichtbar waren, die Augen waren ein wenig eingesunken. Die vollkommen erhaltenen Hände lagen, vom Rosenkranz umschlungen, auf der Brust. Der übrige Teil des Körpers erschien wie verdorrt und pergamentartig. Er zeigte sich so starr und widerstandsfähig, daß ihn die Schwestern heben, niederlegen und ohne Mühe in den neuen Sarg betten konnten. Nun ruht der Leib der seit 1933 heiliggesprochenen Gottesbraut zu Nevers in einem kostbaren Glassarg, auf dessen Sockel die Worte der Unbefleckten an Bernadette eingeschrieben sind: Ich will dich glücklich machen, nicht in dieser Welt, sondern in der andern!

Seitdem Maria der kleinen Bernadette erschienen ist, wirkt Lourdes in den Wallfahrten, Wundern und in den zahllosen Nachbildungen der Lourdesgrotte fort und ist ein mächtiges Gegengewicht gegen die materialistische Lebensauffassung. Der Ruf zur Buße wird von Tausenden Kindern Mariens ernst genommen, die auch ihr Glück nicht auf dieser Welt, sondern in der andern erwarten. Das Rosenkranzgebet wird immer mehr als mächtige Waffe in den Nöten der Zeit erkannt, und auch wir wollen wenigstens durch ein Gesetz jeden Tag zeigen, daß wir Kinder Mariens sind, damit Maria in der letzten Stunde zeige, daß sie unsere Mutter ist, und wir uns nicht nur am beseligenden Antlitz Gottes freuen dürfen, sondern auch am Angesicht unserer himmlischen Mutter. Amen.

Gebet der hl. Bernadette. Lasset uns beten! Zärtliche Mutter! Du hast dich zur Erde erniedrigt, um einem schwachen Kinde zu erscheinen und ihm trotz seiner großen Unwürdigkeit gewisse Dinge mitzuteilen. Wieviel Grund hat es nicht zur Demut! O Maria, gib derjenigen, die es wagt, sich dein Kind zu nennen, die kostbare Tugend der Demut. Gib, o zärtliche Mutter, daß dein Kind dir nachfolge in allem und für alles und daß ich ein Kind sei nach deinem Herzen und nach dem Herzen deines lieben Sohnes. Amen.

DER HL. GABRIEL POSSENTI

Der Jugendheilige des letzten Jahrhunderts ist der heilige Gabriel Possenti. Er stammte aus einer edlen italienischen Familie mit 13 Kindern zu Spoleto und hatte ein frohes, heiteres Temperament. Innerlich sauber und geistvoll, war er ein guter Gesellschafter und leidenschaftlicher Tänzer. Mehrmals hatte schon die Gnade an sein Herz gepocht, aber immer hatte er sich ihrem Rufe entzogen, bis ihn ein Blick aus den Augen Mariens traf. Im Frühjahr 1856 wurde Spoleto von einer schrecklichen Cholera-Epidemie heimgesucht. Es gab kaum eine Familie, die nicht den Verlust eines Kindes betrauerte. Auch die Lieblingsschwester Franzescos, Maria, war dabei. Da nahmen die Gläubigen Zuflucht zu einem alten Madonnenbild, das einst Friedrich Barbarossa der Stadt geschenkt hatte, und gelobten eine feierliche Prozession, wenn die Epidemie erlösche. Und siehe, von diesem Augenblick an war kein neuer Krankheitsfall mehr gemeldet worden, und in wenigen Tagen war die Seuche erloschen. Nun schickten sich die Bürger an, ihr Gelübde zu erfüllen. Am Oktavtag von Mariä Himmelfahrt wurde das festlich geschmückte Gnadenbild vom Erzbischof feierlich durch die Stadt getragen. Franzesco kniete unter der andächtigen Menge. Als das Bild an ihm vorbeikam, erhob er seine Augen, und nun war ihm, als schaue ihn Maria lebendig an und er höre in seinem Innern die Worte: «Franzesco, die Welt ist nichts für dich. Steh auf, beeile dich und werde Ordensmann!» — Das währte nur einen Augenblick, aber er entschied über sein ganzes Leben. Bald trat er in einen der strengsten Orden, bei den Passionisten, ein und erhielt einen neuen Namen: Gabriel von der schmerzhaften Mutter Gottes. Aber mit dem neuen Namen trug er auch eine neue Liebe, die ihn schon nach wenigen Jahren aufzehrte: es war die Liebe zu Maria. Sie war die Schwungkraft auf dem Weg zur Heiligkeit, der Sauerteig, der alles durchdrang. Seine Gedanken waren bei Maria, wo er ging und stand. Neben dem Rosenkranz und Brevier betete er täglich die Tagzeiten von der Unbefleckten Empfängnis und der schmerzhaften Gottesmutter und das Stabat Mater. Es verging keine Stunde, ohne daß er nicht ein Ave gesprochen hätte.

Das Buch von den Herrlichkeiten Mariens und ein anderes Marienbuch fand man nach seinem Tode ganz zerlesen. Alles mied er, was die Augen der himmlischen Mutter beleidigen konnte. Er verstand es, aus seinem Leben ein beständiges Opfer zu machen: seine inneren und äußeren Sinne, seinen Witz und seine Schalkheit unterwarf er dieser Aufgabe. Als Italiener liebte er leidenschaftlich das Obst, aber er rührte nichts davon an, wenn er sich auf ein Marienfest vorbereitete. Diese Vorbereitung dauerte vor dem Fest Mariä Himmelfahrt 40 Tage, gerade jene Zeit hindurch, da der Südländer wegen der größten Hitze dieser Erfrischungen besonders bedarf. Er hatte sich die Gunst erbeten, den Marienaltar zu schmücken, und legte dazu ein eignes Beet im Garten an, das er «Unserer Lieben Frauen Laube» nannte. Er strahlte, wenn er ein schönes Marienbild fand, künstlerisch minderwertige aber verstimmten ihn, und er sagte dann: «Meine Mutter, wie haben sie dich häßlich gemacht!» — Nie ging er aus seinem Zimmer, ohne sich bei Maria zu verabschieden, nie kehrte er zurück, ohne sich bei ihr wieder vorzustellen.

In seiner letzten Krankheit hatte er einen Ekel vor jeder Speise, aber der Krankenbruder brauchte nur zu sagen: «Um der Heiligen Jungfrau willen nehmen Sie ein bißchen zu sich», und sofort richtete er sich auf und nahm lächelnd das ihm so Widerstehende. Sterbend hielt er Kreuz und Marienbild umfaßt, drückte beides innig an sein Herz und wiederholte oft das Stoßgebet: «O mein Jesus, Liebe für Liebe, Leid um Leid, Blut um Blut! Deine Wunden sind meine Hoffnung und mein Heil! O Maria, meine süßeste Mutter, du weißt, daß ich dich liebe und daß ich dir gehöre.» Mit unbeschreiblicher Sehnsucht rief er in seiner Todesstunde: «O meine Mutter, komm schnell! O Maria, Mutter der Gnade, Mutter der Barmherzigkeit, verteidige uns gegen unsere Feinde und nimm uns in der Stunde des Todes zu dir. Jesus, Maria, Joseph, lasset meine Seele in Frieden ruhen!» Dann öffnete er seine Augen, wandte sich zur rechten Seite des Zimmers, wo er ein entzückendes Schauspiel zu sehen schien, und gab seinen Geist auf. Ohne Zweifel war ihm Maria erschienen und hatte ihn abgeholt, wie er es sich immer gewünscht hatte. Leo XIII. spendet ihm das Lob: «Wegen seiner zärtlichen Liebe zu Maria am Fuß des Kreuzes verdient er einen Platz neben dem Liebesjünger Johannes, dem Jesus sterbend seine Mutter empfahl.» Er war erst 24 Jahre alt, als er am 27. Februar 1862 starb. Durch ein Gelübde hatte er sich im Leben verpflichtet, für die Verehrung der himmlischen Mutter nach Kräften zu sorgen. Und Maria sorgte für seine Verherrlichung. An einem 31. Mai wurde er selig und unter Benedikt XV. am 13. Mai 1920 heilig gesprochen, nachdem auf seine Fürbitte hin viele Wunder geschahen.

Wie wohlgefällig ist Gott ein vertrauensvoll und liebend abgelegtes Gelöbnis! Eine Stadt wurde von einer schlimmen Seuche befreit, ein froher Jüngling wurde zum frühvollendeten Heiligen, da er sich durch ein Gelöbnis der Verehrung seiner himmlischen Mutter geweiht hatte. Gott liebt die großmütigen Seelen, die auch etwas in seinem Dienste wagen und nicht nur an der Grenze des Gebotenen herumschleichen. Wie der hl. Gabriel wollen wir vor jedem größeren Werke zum Bilde Mariens gehen und bitten: O meine Herrin, heilige Maria, nimm diese Sache in deine Hand! Amen.

Gebet des hl. Gabriel Possenti zur Gottesmutter. Ich glaube, Maria, daß du die Mutter aller Menschen bist. Ich glaube, daß du unser Leben bist und nach Gott die einzige Zuflucht der Sünder. Ich glaube, daß du die Ruhe der Christen bist und ihre Hilfe, vor allem im Tode. Wenn ich dir folge, werde ich nicht vom Wege abirren; wenn ich dich anrufe, werde ich nicht im Stich gelassen; wenn ich bei dir stehe, werde ich nicht fallen; dir nachfolgend, werde ich nicht ermüden, wenn du mir gnädig bist.

Ich glaube, daß du die Mitwirkerin bei unserer Erlösung bist, daß alle Gnaden, die Gott uns spendet, durch deine Hände gehen und daß keiner in den Himmel kommen kann, wenn er nicht durch dich hindurchgeht, die du die Pforte des Himmels bist. Ich glaube, daß deine Verehrung das sicherste Zeichen des ewigen Heiles ist. Ich glaube, daß du erhaben bist über alle Heiligen und Engel, so daß Gott allein deine Größe ermessen kann. Ich glaube, daß Gott dich im höchsten Grade mit allen Gnaden ausgestattet hat, die nur je Geschöpfen verliehen wurden. Ich glaube, daß deine Schönheit die Schönheit aller Engel und Menschen übertrifft. Ich glaube, daß du allein jenes Gebot vollkommen erfüllt hast: du sollst den Herrn, deinen Gott, lieben aus deinem ganzen Herzen, so daß die seligen Seraphim des Himmels hätten herabsteigen können, um in deinem Herzen zu lernen, wie man Gott liebt. – Bitte für uns, o heiliger Gabriel! Auf daß wir würdig werden der Verheißungen Christi!

Lasset uns beten! Gott, du hast den heiligen Gabriel gelehrt, die Schmerzen deiner gütigen Mutter eifrig zu betrachten, und hast ihn durch sie zu einer hohen Stufe der Heiligkeit emporgeführt und mit der Gabe der Wunder geschmückt: gib uns durch seine Fürsprache und nach seinem Beispiel, daß wir die Leiden deiner Mutter mitfühlen und durch ihren mütterlichen Schutz das Heil erlangen, der du lebst und regierst in Ewigkeit. Amen.

DER HL. FRANZ HIERONYMO

Am 11. Mai des Jahres 1716 starb in Neapel der große Bußprediger und Marienverehrer Franz von Hieronymo. Im Jahre 1642 als ältester von elf Geschwistern geboren, zeichnete er sich schon früh durch seine Unschuld, seinen Fleiß und seine Liebe zu den Armen aus, so daß man ihn gern in die Marianische Kongregation aufnahm, die damals allüberall aufblühte. 1670 trat er in die Gesellschaft Jesu ein und wirkte dort 40 Jahre hindurch in Neapel als Volksmissionar und Exerzitienmeister. Bei seinen Predigten waren oft 15 000 — 20 000 Menschen, die bei der Gemeinschaftskommunion zumeist auch alle die hl. Kommunion empfingen. Obwohl seine Stimme sehr schwach war, wurde er von allen verstanden, und unzählige Sünder bekehrten sich. Das Geheimnis seines Erfolges war seine glühende Marienliebe, sein eignes Beispiel und seine Demut. Obwohl er diese ungeheuren Erfolge aufweisen konnte und die Gabe der Wunder und Prophezeiung hatte, blieb er immer der demütige Diener Gottes und Mariä, und er konnte mit gutem Gewissen von sich sagen, daß er nie etwas anderes gesucht habe als die Ehre Gottes.

An allen Samstagen fastete er bei Wasser und Brot, ebenso an den Vorabenden von Marienfesten. In der Kirche der Jesuiten in Neapel wurde ein Marienbild verehrt, das der hl. Franz Borgia dieser Kirche gestiftet hatte. Mit größtem Eifer und Erfolg bemühte sich Franz Hieronymo, die Gläubigen zur Verehrung dieses Bildes hinzuführen und sie für die Nachfolge Mariä zu begeistern. 22 Jahre hindurch predigte er alle Dienstage in dieser Kirche über die Gnadenvorzüge Mariens und über die großen Gnaden, die den Verehrern Mariä zuteil würden. Bei Missionspredigten ließ er immer das Bild Mariens vor den Augen des Volkes aufstellen, um durch ihre Vermittlung den Segen Gottes über seine Hörer herabzuflehen. Besonders suchte er die Jugend mit Marienliebe zu erfüllen, weil er überzeugt war, daß dies das wirksamste Mittel sei, die Keuschheit zu bewahren oder wiederzugewinnen. In Zweifeln war Maria seine Ratgeberin, in Gefahren seine Zuflucht, in Arbeiten seine Stärke, in schwierigen Unternehmungen seine Stütze. Er bezeugte, daß er sich nie an sie wandte, ohne erhört zu werden.

Bei seinen zahlreichen Exerzitienkursen konnte er seine Marienliebe tief in die Herzen der Teilnehmer senken, denn im Exerzitienbüchlein des hl. Ignatius, das seinen Vorträgen zugrunde lag, begegnete er auf jeder Stufe der seelischen Entwicklung dem Bild Mariens als Führerin zu Christus hin und als Königin des Herzens. Am Schluß der Betrachtung vom Reich Christi geschieht die Weihe vor den Augen der seligsten Jungfrau. — Wie alle Väter der Gesellschaft Jesu ist er ein begeisterter Verteidiger ihrer Unbefleckten Empfängnis und der Lehre, daß Maria die allgemeine Gnadenmittlerin sei. So ist Franz Hieronymo Patron der Exerzitienleiter und der Präsident der Marianischen Kongregationen. Er bekam den Schutz seiner himmlischen Mutter in seiner Todesstunde zu spüren. In ihrem Gnadenmonat holte sie ihren treuen Diener hinüber, und Papst Gregor sprach ihn am 29. Mai 1839 heilig.

Teilnahme an heiligen Exerzitien sind ein gutes Mittel, zu einer soliden und beglückenden Marienliebe zu gelangen. Mariens Mittlerberuf und ihre Nachahmung spielen in zahlreichen Erwägungen über das Leben Jesu eine entscheidende Rolle. Die Königin Mutter führt ihre Kinder zum Throne Jesu. Denken wir daran, auch unserer Seele einmal wirkliche Ferien und Freizeit zu geben und uns nach dem Beispiel Mariä die Worte und Taten Jesu recht zu Herzen zu nehmen.

Lasset uns beten! O Gott, Du hast den hl. Franziskus Hieronymo zum Heile der Seelen zu einem ausgezeichneten Verkünder des Wortes Gottes gemacht. Verleihe uns auf seine Fürbitte, daß wir die Vorschriften Deines Gesetzes ohne Unterlaß im Herzen erwägen und treu im Werke vollbringen. Durch Christus, unsern Herrn. Amen.

DER HL. FRANZ XAVER

Der Heilige, der neben dem hl. Paulus am meisten für die Ausbreitung des Evangeliums unter den Heiden getan hat, ist der hl. Franz Xaver. In der Nähe von Pamplona in Spanien im Jahre 1506 geboren, kam er mit 18 Jahren nach Paris zum Studium. Dort lernte er den hl. Ignatius kennen, unter dessen Einfluß der fähige und weltfrohe Jüngling zum Apostel heranreifte. Am Fest Mariä Himmelfahrt opferte er sich mit Ignatius und einigen anderen Gefährten durch die hl. Gelübde ganz für den Dienst Gottes auf. Nachdem er die Priesterweihe empfangen hatte, sandte ihn der hl. Ignatius als Missionar nach Indien. Um seine Reise und sein Missionswerk segnen zu lassen, wallfahrte Franziskus zuerst zum marianischen Wallfahrtsort Loreto. Schon in den ersten Briefen aus Indien berichtete Franz über die Marienverehrung in Goa, das damals den Portugiesen gehörte. Wohin immer er kam, die Heiligtümer Mariens waren sein Lieblingsaufenthalt. Dort pflegte er nachts viele Stunden zu beten, während der Tag dem Predigen gehörte. Niemals unternahm er etwas, ohne sich dem Schutz der Himmelsmutter zu empfehlen. Vor jeder Unterweisung betete er zu Maria, und das Salve Regina beendete dieselbe. Nie erbat er sich eine Gnade von Gott anders als durch die Vermittlung Mariä. In den vielen Schwierigkeiten seines apostolischen Wirkens stellte er sich immer wieder unter ihren mächtigen Schutz, und um es auch nach außen zu zeigen, trug er stets einen Rosenkranz um den Hals und ein Bild Mariens auf der Brust.

Ganz besonders verehrte er die Unbefleckte Empfängnis. Er hatte das Gelöbnis gemacht, diese Lehre stets zu verteidigen, obwohl sie noch kein Glaubenssatz war. In seinen Unterredungen sprach er gern über die Gnadenvorzüge der Gottesmutter und suchte bei allen das Vertrauen und die Liebe zu ihr zu entfachen.

Als er von Indien nach Japan kam, wollte er innerhalb zweier Jahre gleich eine große Marienkirche bauen. An seinem Lieblingsfest, an Mariä Himmelfahrt, war er dort gelandet. Da er selbst unmöglich in alle Hütten gehen konnte, schickte er Katecheten mit Kreuz und Rosenkranz dorthin, um die Menschen und Wohnungen zu segnen und sie dem Einfluß der bösen Geister zu entziehen. Tatsächlich hat Franz Xaver die Marienverehrung in Japan wie eine heilige, unaustilgbare Erbschaft hinterlassen. Als nach jahrhundertelanger Verfolgung wieder katholische Missionare nach Japan kamen, da fanden sie, versteckt in den Wandschränken, Marienbilder. Eines der Kennzeichen, an denen die japanischen Christen die echten Missionare erkennen wollten, war die Frage, ob sie die Mutter des Herrn verehrten.

Tausende hat Franz Xaver mit eigenen Händen getauft, so daß seine Hände oft erlahmten. Viele dieser Christen haben später in Indien und Japan ihr Blut für Christus dahingegeben Mit Recht hat ihn Pius X. zum Patron des Werkes der Glaubensverbreitung bestimmt. Am Ende seines Lebens wollte er noch in China das Evangelium predigen. Aber sein Lauf war vollendet. Im Angesicht der Küste lag er in einer elenden Hütte auf einer Insel, vor Entbehrung und Mühsal ganz entkräftet. Mit kindlicher Andacht und unbeschreiblicher Liebe hörte er nicht auf, die Worte zu wiederholen: «Zeige, daß du Mutter bist!» An einem Samstag, dem Muttergottestag, am 3. Dezember 1552, entschlief er ohne Todeskampf, erst 46 Jahre alt. Nach zweieinhalb Monaten öffnete man sein Grab und fand den Leib unversehrt.

Wenn wir jetzt im Mai zu Maria aufschauen, dann können wir unsere Brüder und Schwestern in der Finsternis des Heidentums nicht vergessen, sondern müssen beten: Du Meerstern, ich bitte, dein Licht auch erteil verfinsterten Seelen zum ewigen Heil! — Ebensowenig können wir jener Männer und Frauen vergessen, die, einem Franz Xaver gleich, die Heimat verlassen haben und mit dem Glauben an Jesus Christus diese liebliche Wahrheit verkünden: wir haben eine Mutter im Himmel! Amen.

Gebet des hl. Franz Xaver. Ewiger Gott, Du Schöpfer aller Dinge, blicke auf die Seelen der Ungläubigen. Du hast sie erschaffen und nach Deinem Bild und Gleichnis gestaltet. Denke daran, daß Jesus, Dein Sohn, für ihr Heil den bittersten Tod erlitten hat. Laß nicht länger zu, daß Dein Sohn von den Ungläubigen verachtet wird! Laß Dich zur Milde stimmen durch die Gebete der Heiligen und die Bitten der Kirche, der Braut Deines heiligen Sohnes. Denke an Dein Erbarmen, und achte nicht mehr auf ihren Götzendienst und Unglauben. Gib, daß auch sie endlich erkennen unsern Herrn Jesus Christus, den Du gesandt hast! Er ist unser Heil, unser Leben und unsere Auferstehung. Ihm sei Ehre in alle Ewigkeit. Amen.

HL. KARDINAL ROBERT BELLARMIN

Heute begehen wir das Fest eines der größten Gelehrten am Heiligenhimmel, des hl. Kardinals Robert Bellarmin. Der heutige Tag ist der Tag seiner Seligsprechung im Jahre 1923 durch Pius XI., inzwischen wurde er 1930 auch heiliggesprochen und zum Kirchenlehrer erhoben, weil er der Kirche durch seine gelehrten Werke unschätzbare Dienste erwiesen hat. Er stammt aus einer adeligen italienischen Familie mit 12 Kindern. Beten und lernen waren schon in seiner frühesten Jugend die einzigen Leidenschaften, die er hatte. Sein erstes Gedicht war ein Loblied auf die Jungfräulichkeit. So war es nicht verwunderlich, daß er in den Jesuitenorden eintrat und Priester wurde. Als er wegen seiner Kränklichkeit sich nicht so dem Studium hingeben konnte, wie er wollte, tröstete er sich mit dem Wort: «Ich bin nicht in den Orden eingetreten, um ein Gelehrter zu werden, sondern ein Heiliger!» Er hat aber beides geschafft. Schon vor der Priesterweihe ein glänzender Prediger, hat er als Professor in Rom so hervorragend gegen die Glaubensneuerer in Deutschland gewirkt, daß man auf der Gegenseite eigene Lehrstühle gegen die Bellarmingefahr einrichtete.

In Rom hatte er auch die jungen Studenten seines Ordens zu betreuen, bei denen er eine innige Liebe zu Maria zu wecken suchte. Er sagte ihnen: «Die besondere Verehrung Mariens ist unter den Merkmalen der Auserwählung zur ewigen Herrlichkeit nicht das letzte. Denn es scheint nicht möglich, daß derjenige zugrunde gehe, den Christus seiner Mutter mit den Worten empfahl: ‹Siehe deinen Sohn!› Wenn er nur selbst nicht Ohr und Herz verschließt gegen das, was Christus ihm sagt: ‹Siehe deine Mutter!› Wahrhaftig, wer immer die Hand und Huld und Freundschaft der heiligen Maria findet, der findet Leben und Heil, weil keiner von Herzen diese Jungfrau liebt und verehrt, der nicht gerettet wird. Doch genügt es nicht zu einer Freundschaft mit ihr, den Rosenkranz zu beten oder an ihrem Tag zu fasten, sondern man muß sie nachahmen, denn jeder liebt das, was ihm ähnlich ist.» Im Herzen des hl. Aloisius sah er am herrlichsten die Früchte dieser Marienliebe. Er war voller Verehrung gegen dieses sein Beichtkind und wünschte, zu seinen Füßen begraben zu werden, denn der hl. Jüngling vollendete früh seinen Lebenslauf. — Unter den Schriften, die der andere heilige Jüngling des Jesuitenordens, der hl. Johannes Berchmanns, in Rom hinterließ, fand Bellarmin den Eid, er wolle stets die Unbefleckte Empfängnis verteidigen. Da rief Bellarmin aus: «O herrliche Tat, o wunderbare Erfindung! Sich so der seligsten Jungfrau zu verpflichten und diesen Dienst mit dem eignen Blut zu bekräftigen. — Das hat ihm unsere Herrin selbst eingegeben!»

Bellarmin selbst hatte schon in jungen Jahren den Ehrentitel der Unbefleckten Empfängnis verkündet und in seinem Katechismus ihn der ganzen Welt vorgehalten. In einer seiner letzten Schriften erklärt er, daß Christus seiner Mutter mit Süßigkeit zuvorgekommen sei, indem er sie schaffend rechtfertigte und rechtfertigend schuf. Der Erfolg war, daß der Papst, der Bellarmin zum Kardinal erhoben hatte, wenigstens verbot, die Unbefleckte Empfängnis zu leugnen. Für die Dogmatisierung war die Zeit noch nicht gekommen.

Unzählige Briefe an deutsche Fürsten und Bischöfe zeigen seine Liebe und Sorge um das deutsche Volk, und er ist gewiß auch im Himmel sein Beschützer und Fürbitter, so wie er im Leben der Protektor des Collegium Germanikum in Rom war, an dem die deutschen Theologen studieren. Der hl. Franz von Sales charakterisierte ihn einmal treffend mit den Worten: «Dieser große Kardinal kann alles, nur nichts Böses tun. Das Böse kennt er zwar gut, da er es in seinen Schriften bekämpft. Und doch ist ihm nichts fremder als das Böse.»

Als der rastlos tätige Mann sein Ende nahen fühlte, zog er sich zurück und lebte nur der Vorbereitung auf den Tod. Als man ihm sein Ende als nahe bevorstehend ankündigte, rief er dreimal aus: «O gute Nachricht» — und verlangte gleich nach den hl. Sterbesakramenten, die er kniend außerhalb des Bettes empfing. Er legte nochmals das Glaubensbekenntnis ab, wiederholte oft den hl. Namen Jesus und starb.

Wie wichtig es ist, seinen hl. Glauben kennenzulernen, um an ihm festzuhalten in schweren Stunden und in Zeiten der Prüfung, wenn Irrlehrer Verwirrung zu stiften suchen! Wie sehr wird gerade auch unsere himmlische Mutter und ihre Unbefleckte Empfängnis gelästert, weil man gar nicht weiß, was das bedeutet, und weil man Mariens Stellung im Heilsplan Gottes nicht kennt. Welche Pflicht für uns, Maria und den Glauben immer besser kennenzulernen, um sich und andere vor Irrwegen zu behüten!

Lasset uns beten! O Gott, Du hast zum Schutze des katholischen Glaubens und zur Verteidigung der Rechte des Apostolischen Stuhles und der Ehre der seligsten Jungfrau Maria den hl. Robert, Deinen Bekenner und Kirchenlehrer, mit wunderbarer Weisheit und Tugend geziert. Verleihe durch seine Fürbitte und Verdienste, daß wir in der Erkenntnis der Wahrheit wachsen und daß die Herzen der Irrenden zur Einheit der Kirche zurückgerufen werden durch Christus, unsern Herrn. Amen.

DER HL. ALOISIUS VON GONZAGA

Wie der Heilige des gestrigen Tages, Kardinal Bellarmin, der kluge Seelenführer des hl. Aloisius war, so machte er auch den eifrigsten Anwalt für die Seligsprechung seines Beichtkindes, dessen Leben ganz auffallend unter dem besonderen Schutz der Gottesmutter stand. Bei seiner Geburt befand sich seine Mutter in höchster Lebensgefahr. Schon wollten die Ärzte das Kind um des Lebens der Mutter willen opfern, da bat die gläubige Mutter noch um kurzen Aufschub. Im stillen machte sie das Gelöbnis, das Kind Maria zu weihen und mit ihm nach Loreto zu wallfahren, wenn ihr Maria das Kind erhalte. Und siehe, allsogleich war alle Gefahr gewichen, und das im Mutterschoß getaufte Kind kam glücklich zur Welt. Es war also schon vor der Geburt für Gott geboren worden. Aloisius vergaß diese Gnade und Weihe nie, von der ihm die Mutter erzählt hatte, und betrachtete sich sein Leben lang als Diener Mariä, der er alles zu verdanken habe. Kaum hatte ihn die Mutter beten gelehrt, da faltete er die Hände und betete mit besonderer Vorliebe zu Maria. Obwohl es damals noch nicht gebräuchlich war, sprach er schon dreimal täglich den Engel des Herrn. Kaum konnte er lesen — es war um das 7. Lebensjahr —, da betete er schon die Tageszeiten zur Mutter Gottes. Oft griff er zum Rosenkranz, den er stundenlang betrachten konnte, nachdem er aus einem Büchlein die Kunst des Betrachtens gelernt hatte. Wenn er in eine Stadt kam, versäumte er nie, die Kirchen zu besuchen, in denen Marienbilder verehrt wurden. Jeden Mittwoch und Samstag fastete er zu ihrer Ehre. Maria vertraute er all seine Sorgen und Nöte an, ihr opferte er alle Selbstüberwindung auf.

Als er in Florenz zur Ausbildung weilte, kam ihm in der lebenslustigen Stadt seine gefährliche Erbanlage zum Bewußtsein, die das Geschlecht der Gonzaga belastete. Dagegen wollte er sich schützen, und so machte er in ritterlicher Gesinnung im Alter von neun Jahren vor dem Marienaltar der Verkündigungskirche in Florenz das Gelübde ewiger Jungfräulichkeit und Keuschheit. Seinem Seelenführer gestand er, Maria habe ihm als Gegengabe die Gnade erlangt, daß er nie von der geringsten Versuchung gegen die Reinheit belästigt würde. Dennoch wußte er, daß wir den kostbaren Schatz der Gnade und Reinheit in einem zerbrechlichen Gefäß tragen. Er schützte seine Tugend durch Abtötung der Sinne wie kaum ein anderer Heiliger. Seine Liebe und Aufmerksamkeit galt nur noch der Königin des Himmels, darum schaute er später nicht einmal der Königin von Spanien ins Angesicht, an deren Hof er Pagendienste leistete. So hielt er es auch auf der Straße und in der Gesellschaft. Was er für sich nicht nötig gehabt hätte, das tat er für die christliche Jugend, um ihr Vorbild und Helfer zu sein. Mit Maria besprach er das wichtige Anliegen seiner Standeswahl. Er dachte daran, wie Maria durch einen himmlischen Boten Klarheit empfing über ihre Lebensaufgabe. Als er am Fest Mariä Himmelfahrt 1583 in der Jesuitenkirche zu Madrid vor ihrem Bilde betete, da vernahm er deutlich den Ruf Mariens: Tritt ein in die Gesellschaft meines Sohnes! — Es kostete einen langen Kampf, bis der Vater sich diesem Wunsch seines Erstgeborenen fügte, auf den er alle Hoffnung gesetzt hatte. Aber Maria half ihm alle Schwierigkeiten überwinden.

Nur sechs Jahre sollte sein Glück im Orden dauern. Als der schwarze Tod durch die Lande ging, da rief ihn die Liebe zu den Kindern Mariens auf die Straße und in die Elendshäuser. Aloisius hatte von Natur aus einen unüberwindlichen Ekel vor eiternden und blutenden Wunden. Er gestand, es werde ihm schlecht, wenn er Blut sehe. Aber wenn er in Rom im Dienst der Pestkranken vor Betten stand, die mit Eiter und Blut überronnen waren, da stellte er sich vor Maria selbst lege in Gestalt der Kranken ihren Sohn Jesus in seine Arme: und so konnte er ausharren, bis ihn die Pest selbst ergriff und aufs Sterbelager warf. Seiner Mutter schreibt er noch: «Ich kann Sie nicht besser trösten, als Sie zu bitten, auf jene Mutter zu schauen, die in ihrem Leiden ihresgleichen nicht hat. Trösten Sie sich mit der allerseligsten Jungfrau und ruhen Sie bei ihr.» Mit der Sterbekerze in der Hand, den Blick auf das Kreuz geheftet, gab er unter Anrufung des Namens Jesus seinen Geist auf, 25 Jahre alt.

Wer rein bleiben will, der kann auf diese zwei Mittel nicht verzichten: Maria kindlich und treu verehren und seine Sinne beherrschen. Wer alles mitmachen, überall dabeisein will, kann den Gefahren der Sinnlichkeit auf die Dauer nicht standhalten. Nur eine tiefe Liebe zu Maria wird einem Jugendlichen die Kraft geben, in Selbstverleugnung auf sinnliche Freuden zu verzichten, die der Herzensreinheit Gefahr bringen können. Man kann auch auf die Dauer nicht beides vereinigen:

in der Unreinheit leben und Maria lieben. Entweder man läßt die Unreinheit oder man läßt Maria.

Gebet des hl. Aloisius. Heilige Maria, meine Herrin, unter deinen gebenedeiten Schutz, unter deine besondere Obhut, in den Schoß deiner Erbarmung empfehle ich mich heute und alle Tage und in der Stunde meines Todes. Meine Seele und meinen Leib befehle ich dir. Alle meine Hoffnung und meinen Trost, meine Angst und meine Not, mein Leben und das Ende meines Lebens übergebe ich dir. Auf deine hochheilige Fürsprache hin, kraft deiner Verdienste, möge mein ganzes Tun nach deinem und deines Sohnes Willen geordnet und geleitet sein. Amen.

DER HL. PFARRER JOHANNES VIANNEY

Ein Heiliger, bei dem wir die Marienliebe stark ausgeprägt finden, ist der hl. Johannes Maria Vianney. Maria war wirklich die Königin seines Herzens. Im Mai 1786 geboren, wurde er auch im Mai 1925 heiliggesprochen. Das ist mehr als ein schöner Zufall. Nicht umsonst bekam er schon bei der Taufe den Namen Johannes Maria. Er kann von sich selbst bekennen: «Die Mutter Gottes liebte ich noch eher, als ich sie kannte, sie war meine älteste Neigung.» -- Das erste Geschenk, das ihm die Mutter machte, war eine kleine Marienstatue; wenn er sie anschaute, fühlte er schon Freude im Herzen. «Oh», sagte er in den letzten Tagen seines Lebens, «was ich doch diese Statue lieb hatte! Ich konnte mich Tag und Nacht nicht von ihr trennen, und ich würde nicht geschlafen haben, wenn sie nicht in der Nähe meines kleinen Bettes gestanden wäre!» Wenn er als Bub die drei Schafe und den Esel hüten mußte, dann hatte er sie mit dabei und stellte sie womöglich auf und redete mit ihr. Oft versammelte er auch andere Kinder davor im Gebete. Als sein Vater beschloß, ihn zu den Arbeiten im Weinberg heranzuziehen, da schien dies über die Kraft des Knaben zu gehen. Johannes Maria ersann ein Mittel, das seine Kraft verdoppelte: er stellte die kleine Marienstatue etwa 5 Schritte weit vor sich hin, und jetzt setzte er tapfer den Spaten an. Mit dem Blick zur Gottesmutter ging die Arbeit gut voran, und wenn er das Marienbild erreicht hatte, dann stellte er es wieder weitere 5 Schritte von sich weg, und wiederum wuchsen seine Kräfte, um zu ihr zu gelangen. So machte er es bis zum Abend, und schließlich hatte er seine Aufgabe früher beendet als sein älterer Bruder. Wenn er die Herzensreinheit so zart bewahrte, dann deswegen: er lebte unter ihren Augen. Wenn er so gütig und barmherzig gegen Arme war, dann deswegen: er lebte unter ihren Augen. Wenn er so opferwillig und selbstlos war, dann deswegen, weil er Maria vor Augen hatte.

Über fast unübersteigbare Hindernisse hinweg hat Maria den kleinen Johannes zum Priestertum geführt, und wenn den Pfarrern dieser Heilige zum Patron gegeben wurde, dann wohl nicht zuletzt deshalb, weil Maria jeden Priesterberuf von Gott erbittet und weil die Liebe zu Maria immer Voraussetzung für ein gesegnetes Priesterwirken ist. Obwohl der Bischof Bedenken hatte, ihn zu weihen, wurde er durch die Hilfe des Sitzes der Weisheit zum erfolgreichsten Priester seiner Zeit. Bald war seine verrufene Gemeinde wie umgewandelt.

Als er die Pfarrkirche vergrößerte, baute er auch eine Kapelle zu Ehren der Unbefleckten Empfängnis an, die er mit einer schönen Statue schmückte. Auf ihrer jungfräulichen Brust sieht man ein großes goldenes Herz, in dem die Namen aller Pfarrkinder von Ars eingeschrieben sind. Seit dem 1. Mai 1836, an dem der hl. Pfarrer seine Gemeinde dem Unbefleckten Herzen Mariä geweiht hatte, nahm diese Gemeinde eine ganz andere Gestalt an. Jeden Samstag feierte er in dieser Kapelle die hl. Messe, und jeden Abend betete er den Rosenkranz vor für die Bekehrung der Sünder. – Bei seinen Christenlehren stellte er ein Marienbild vor die Kanzel und ermunterte zum Vertrauen auf die himmlische Mutter. Darum hatte er auch eine ungewöhnliche Kenntnis der Herzen und die Gnade, auch die verstocktesten Sünder zu bekehren. Obwohl er fast nichts zu sich nahm, beständig krank war und nur 2–3 Stunden täglich schlief, jahrelang vom bösen Feind sogar körperlich gequält wurde, hörte er täglich 16–18 Stunden Beichte. An die 30 Jahre hindurch kamen die Beichtkinder und Hilfesuchenden, die manchmal 8 Tage warten mußten, um nur einige Minuten mit ihm sprechen zu können. Zuerst waren es Zehntausende, zuletzt Hunderttausend im Jahr.

Wie wenige durfte Johannes in die Geheimnisse des Jenseits schauen. Einmal offenbarte er der Frau eines Selbstmörders, daß dieser gerettet sei. Maria habe ihm beim Sprung ins Wasser noch die Gnade der Reue erwirkt, nur weil er im Mai mit seiner Frau daheim vor dem Maialtar mitgebetet und das Geld für den Schmuck des Maialtars gegeben habe. So tröstete er die Frau, die meinte, daß all ihre Gebete zu Maria um die Bekehrung ihres Mannes umsonst gewesen seien.

Maria war die große Liebe seines Herzens, und öfter erschien ihm die Gottesmutter persönlich. Als ihm einmal eine Frau Geld bringen wollte für seine Armen, da hörte sie den Pfarrer im Zimmer laut reden, und was sie hörte, schien auf ein Zwiegespräch mit Maria hinzudeuten. Da stieß die Frau die Tür auf und sah dann Maria selbst in blendend weißem Kleide, mit einer Sternenkrone auf dem Haupt. Der Pfarrer aber stand vor ihr mit gefalteten Händen, ganz still, als ob er tot wäre. Nachdem der heilige Priester zu sich gekommen und die Erscheinung verschwunden war, drohte er der Frau: «Wenn Sie auch nur ein Wort jemandem davon sagen, so werden Sie mein Haus nie mehr betreten.» Aber ihm selbst ist einmal das Wort entschlüpft: «Ja, mit der allerseligsten Jungfrau stehen wir gut!»

Trotz seiner schwachen Gesundheit und seiner übermenschlichen Bußübungen und Arbeiten wurde der Heilige 73 Jahre alt. Er entschlief sanft am 4. August 1859.

Hören wir noch einige Aussprüche des Heiligen über Maria: Man betritt kein herrschaftliches Haus, ohne sich erst beim Pförtner anzumelden. Nun gut, die Hl. Jungfrau ist die Pförtnerin des Himmels. — Keine Gnade kommt vom Himmel, die nicht durch ihre Hände ginge. — Das Herz dieser Mutter ist ganz Erbarmen; sie wünscht nichts sehnlicher, als uns glücklich zu sehen. Unsere himmlische Mutter ist so gut, daß sie uns immer liebevoll behandelt und niemals straft. — Maria stellt sich zwischen uns Sünder und ihren göttlichen Sohn. Je tiefer wir im Sündenelend stecken, desto mehr Zärtlichkeit und Mitleid hat sie für uns. — Unsere Gebete haben ein ganz anderes Verdienst bei Gott, wenn sie durch Maria dargebracht werden. — Oh, wie leichter wirkt der sein Heil, der seine Zuflucht zu Maria nimmt!

An diesem Heiligen sehen wir, was Gebet und Buße für die Bekehrung der Welt bewirken können und wie uns nicht gelehrte, sondern heilige Priester not tun. Darum sollte jeder wahre Marienverehrer den Herz-Mariä-Samstag und den Priestersamstag mit ihren Anliegen zu dem seinigen machen, es ist der dringendste Wunsch unserer himmlischen Mutter.

Gebet des hl. Pfarrers von Ars zu Maria. O unbefleckte Jungfrau, die du von Gott alles erlangst, was du willst, erlange uns einen lebendigen Glauben, eine tiefe Demut, eine fleckenlose Reinheit, einen großen Abscheu vor allen, selbst vor den kleinsten Sünden, eine glühende Liebe zu dir und zu deinem Sohn. Da die Liebe zu dir ein Zeichen der Auserwählung ist, so beschwöre du deinen göttlichen Sohn, unseren Heiland, der dir vor seinem Tod in der Person des hl. Johannes unsere Seelen anbefohlen hat, er möge uns Gnade und Barmherzigkeit angedeihen lassen. Beschütze uns im Leben und besonders in der Todesstunde. Beschleunige die Befreiung der Seelen unserer Brüder und Schwestern, welche im Fegefeuer sind, damit ihnen das ewige Licht leuchte. Amen.

DER HL. JOHANNES VON NEPOMUK

Einer der bekanntesten Heiligen, dessen Statue auf so mancher Brücke steht und der vielen Heimatvertriebenen wohl vertraut ist, der hl. Johannes von Nepomuk, wird heute von der Kirche gefeiert. In der Mitte des 14. Jahrhunderts in der Nähe von Pilsen in Böhmen geboren, betrachteten seine Eltern ihn als Geschenk Gottes, das sie durch die Fürbitte Mariens erfleht hatten, und weihten das Kind der himmlischen Mutter. Auch in einer schweren Krankheit war es die Helferin der Christenheit, die dem Kind die Gesundheit wieder erfleht hat. Um ihr Gelöbnis einzulösen, übergaben die frommen Eltern den Knaben den Zisterziensern zur Erziehung und zum Studium, da dieser Orden eine besondere Marienverehrung pflegt. Hier hat Johannes täglich ministriert und mit der Liebe zum Priestertum jene tiefe Verehrung Mariens sich erworben, die ihn befähigen sollte, sich der Königin der Martyrer zuzugesellen.

Zunächst aber führte ihn Maria als der Sitz der Weisheit zu den Quellen heiliger Wissenschaft. Johannes erwarb sich den zweifachen Doktor. Nachdem er zum Priester geweiht war, stieg er bis zum Generalvikar auf. Wegen seiner Frömmigkeit wählte ihn die Königin zu ihrem Beichtvater und ging unter seiner Leitung von Stufe zu Stufe dem christlichen Vollkommenheitsideal entgegen. Der König aber fiel immer tiefer, und seine eigene eheliche Untreue mag ihn mit Mißtrauen gegen seine Gattin erfüllt haben, so daß er schließlich eines Tages an Johannes das Ansinnen stellte, er solle ihm offenbaren, was seine Frau bei ihm gebeichtet habe. Als Versprechungen nichts halfen, griff der brutale König zu Drohungen und Mißhandlungen. Mit Fackeln brannte er Johannes in die Seite, der still für sich betete: «O Jesus, Maria!» Er ahnte, was ihm bevorstand, aber es war für ihn eine Selbstverständlichkeit, lieber zu sterben als das Beichtsiegel zu brechen. Als er am Abend vor Christi Himmelfahrt von einer Wallfahrt zur Muttergottes zurückkam, um von ihr eine glückliche Sterbestunde zu erflehen, da wurde er wieder zum König gerufen, der ihn mit den Worten empfing: «Nun Pfaff, jetzt mußt du sterben, wenn du nicht sogleich bekennst, was mein Weib gebeichtet hat. Ja, ich schwöre, du mußt

Wasser saufen, wenn du zögerst.» Um die dritte Nachtstunde wurde er gefesselt, ein Stück Holz wurde ihm in den Mund geklemmt, und dann stieß man ihn von der Moldaubrücke in Prag hinab ins Wasser. Doch Gott verherrlichte seinen Diener und ließ über dem Ort, wo er im Wasser lag, einen Kranz leuchtender Sterne erscheinen, so daß dieses Verbrechen nicht geheim blieb. Niemand scheute sich, König Wenzel als Mörder zu bezeichnen. Der Leichnam wurde erhoben und mit größter Feierlichkeit im Veitsdom in Prag beigesetzt. Im Jahre 1719 fand man bei der Exhumierung der Leiche die Zunge unversehrt und frisch. Im Jahre 1729 wurde Johannes heiliggesprochen und als Patron der Beichtväter und Beichtkinder bestellt. Seine Statue soll nicht nur die Brücken schützen und die darüber gehen, sondern alle daran erinnern, daß unser Leben eine Brücke ist, auf der wir vom Diesseits zum Jenseits wandern.

Lernen wir von ihm jene Tugend, die auch Maria ihrem Verehrer erflehte: die Verschwiegenheit; denn Vielreden geht nicht ohne Sünde ab. Wer als übernatürlicher Mensch leben will, muß die Einsamkeit, das Gebet und die Betrachtung lieben. Das sind auch die Quellen der Kraft in schweren Stunden, und Gott wird uns zur rechten Zeit dann auch das rechte Wort eingeben.

Lasset uns beten! O Gott, Du hast den hl. Johannes von Nepomuk mit unbesieglichem Starkmut das Beichtgeheimnis bewahren lassen und um dieses Starkmutes willen Deine Kirche mit einer neuen Martyrerkrone geziert: laß auch uns kraft seiner Fürbitte und seiner Verdienste die Zunge sorgfältig im Zaume halten und zeitlebens lieber alle anderen Übel als einen Schaden an der Seele erleiden. Durch Christus, unsern Herrn. Amen.

DER HL. PASCHALIS

Während bei uns in Deutschland die Glaubenskämpfe tobten, hatte gerade Spanien viele Heilige aufzuweisen. Einer davon ist der hl. Paschalis, der ein ebenso glühender Verehrer des Altarssakramentes wie der Gottesmutter war. Er stammte von armen, sehr frommen Eltern, die ihn schon frühzeitig in die Kirche mitnahmen und den Grund legten zu seiner außerordentlichen Verehrung der hl. Eucharistie. Wegen seiner Armut konnte er keine Schule besuchen. So nahm er sich stets beim Viehhüten ein Buch mit und ließ sich von den Vorübergehenden die Buchstaben erklären.

Sobald er lesen konnte, kamen die Tageszeiten der Gottesmutter nicht mehr aus seinen Händen, noch weniger aus seinem Herzen. Zur Pflege des Gebetseifers hatte er in seinen Hirtenstab ein Muttergottesbild und ein Kreuz eingefügt. Wann immer er konnte, steckte er den Stab in die Erde und kniete davor zum Gebete nieder. Aus Liebe zur Gottesmutter weidete er gern seine Herde in der Nähe einer Marienkapelle, um recht oft dort seine himmlische Mutter grüßen zu können. Der Besitzer der Herde tadelte ihn, weil er fürchtete, die Schafe würden auf der abgeweideten Wiese zu wenig Futter finden, wenn Paschalis immer am gleichen Ort bleibe. Da antwortete der hl. Hirte: «In der Nähe Mariens werden die Schafe nicht magerer.» Und in der Tat war seine Herde immer die fetteste.

Immer war sein Herz bei Jesus im Tabernakel, denn wie im Leben eines jeden Marienverehrers gehörten auch bei ihm Maria und Eucharistia zusammen. Als er einmal das Wandlungsglöcklein eines benachbarten Klosters hörte, da überkam ihn ein so heftiges Verlangen nach der hl. Messe, daß er ausrief: «O mein Gott, laß mich dich doch sehen!» Kaum hatte er diese Bitte ausgesprochen, da erblickte er am Himmel einen funkelnden Stern. Dann tat sich der Himmel auf, der Stern verschwand, und dafür erschien ein Kelch mit der Hostie darüber und zwei anbetenden Engeln daneben.

Die üblen Gewohnheiten seiner Gefährten, denen er nicht ausweichen konnte, veranlaßten ihn, in ein Kloster strenger franziskanischer Observanz zu gehen. Dort wurde er bald Pförtner. Wenn ihn auch am Tag hundertmal die Glocke rief, so eilte er jedesmal dorthin und kehrte dann immer wieder zum Tabernakel zurück. Da ihm diese kurzen Augenblicke zu wenig waren, blieb er gewöhnlich bis Mitternacht im Gebet vor dem Allerheiligsten versunken.

Von seinen Oberen wurde er zur Überbringung einer wichtigen Botschaft nach Paris gesandt, und dabei durfte er auch für seinen Glauben an die hl. Eucharistie schwere Mißhandlungen für Jesus erdulden und Blut vergießen. Was er auf dieser Reise an Schändung der Kirchen, Mord an Priestern, Schmähungen der Gottesmutter erleben mußte, hatte in wenigen Wochen sein Haar schneeweiß gemacht und haftete so tief in seiner Seele, daß er in Ekstasen oft Schreie ausstieß und diese Sakrilegien ständiger Gegenstand seiner Sühne vor dem Allerheiligsten waren.

Als sein letztes Stündlein gekommen war, versuchte ihn nochmals der böse Feind, aber Paschalis rief vertrauensvoll Maria an: «Mutter der Barmherzigkeit, du hohe Jungfrau, du erhabene Jungfrau, du höchste Jungfrau, hilf mir in dieser Stunde!» Dann umfaßte er Kreuz und Rosenkranz und hauchte während der hl. Wandlung des Pfingstfestes, am 17. Mai 1592, seine reine Seele aus. Bei seinem Totengottesdienst verherrlichte ihn Gott schon durch ein Wunder. Bei Erhebung der hl. Gestalten in der Wandlung öffnete und schloß Paschalis wie zur Anbetung nochmals seine Augen.

Sein schönstes Wort heißt: Der Mensch soll gegen Gott das Herz eines Kindes, gegen den Nächsten das Herz einer Mutter, gegen sich selbst aber das Herz eines Richters haben.

Durch nichts können wir der Gottesmutter größere Freude machen und unsere Liebe zu ihr zeigen, als dadurch, daß wir gern und oft zum hl. Meßopfer kommen und dabei die hl. Kommunion empfangen, denn das ist einer Mutter immer die größte Freude, wenn andere gut sind mit ihrem Kinde. Vergessen wir nie, Maria zu unserer Kommunion einzuladen, daß sie uns bei der Vorbereitung und Danksagung helfe. Das muß immer der Höhepunkt eines Marienfestes für uns sein: hl. Meßopfer und hl. Kommunion, denn dadurch können wir gleichsam Maria helfen, eine Dankesschuld abzutragen, daß Gott sie so groß und heilig gemacht hat.

Gebet des hl. Paschalis in der Sterbestunde zu Maria. Heiligste Jungfrau, Mutter der Barmherzigkeit, du hohe Jungfrau, du erhabene Jungfrau, du höchste Jungfrau. O Mutter Gottes, Königin der Erde und des Himmels, erlauchte Herrin der Engel und der Menschen, du besondere Schutzfrau der Sünder und nach Gott die sichere Zuflucht, Heil und Herrin der Bedrängten! O Maria, süßer Name, ergötzlicher Name, Name lieblich und Kraft verleihend! O Tochter des Vaters, o Mutter des Sohnes, o Braut des Hl. Geistes! Siehe gnädig herab auf diesen armen Sünder. Ich rufe zu dir, komm, süße Frau, hilf in dieser Stunde großer Bedrängnis! Es ist die Stunde, deretwegen ich dich allzeit angerufen habe, verlaß mich nicht in diesem Augenblick, o süße Herrin, der ich mich aus ganzem Herzen empfehle. Hilf mir durch Jesus Christus, meinen Herrn. Amen.

HL. FELIX CANTALICIO

Von wenigen seiner Jünger wurde der hl. Franz von Assisi so verstanden wie vom ersten Heiligen des Kapuzinerordens, dessen Fest wir heute begehen, vom hl. Felix Cantalicio. In der Hütte eines armen Bergbauern um 1515 geboren, sah er nicht viel von der Schule, sondern trieb die meiste Zeit die Schaf- und Ziegenherden seines Vaters auf den Berghalden umher. Aber während die anderen Jungen tausend lose Streiche vollführten, kniete Felix oft vor einer Eiche nieder, in die er ein Kreuz geschnitzt hatte. Doch war er allzeit fröhlich und fleißig, daß es alle bedauerten, als er ins Kloster ging und mit 30 Jahren die Gelübde ablegte. Seine Oberen schickten ihn nach Rom, wo er nun 42 Jahre lang mit dem Bettelsack auf dem Rücken für seine Brüder die tägliche Nahrung sammelte, ob die Sonne heiß brannte oder ob es in Strömen goß. Mit einem schlichten «Deo gratias» — Gott sei Dank — nahm er alles an, Almosen wie Beschimpfungen. Felix hieß er, d. h. der Glückliche, und er war glücklich wie selten ein Mensch. Oft blieb er auf der Straße stehen und stimmte einfach das Deo gratias an, am liebsten nach der Melodie an Marienfesten. So hieß er denn nur der Bruder Deogratias. Viele Heilige, die damals in Rom lebten, wie Pius V., Ignatius, Karl Borromäus, Aloisius, Stanislaus und Robert Bellarmin waren glücklich, wenn sie ihn sahen und mit ihm sprechen konnten. Der hl. Philipp Neri umarmte ihn, sooft er ihm begegnete. Aber das nahm ihm weder seine Demut noch seine innere Sammlung. «Ich bin nur der Kapuzineresel» sagte er, wenn ihn jemand nach seinem Namen fragte. Für seine Innerlichkeit verriet er einmal das Rezept: «Den Rosenkranz in der Hand, die Augen zur Erde, das Gemüt zum Himmel. Sechs Buchstaben studiere ich, fünf rote und einen weißen. Die roten sind die Wunden des Heilands, und der weiße ist Maria.»

Mit dem Geschäft des Almosensammelns verband er die leiblichen und geistigen Werke der Barmherzigkeit. Er pflegte die Kranken, bereitete die Sterbenden auf den Tod vor, ermahnte die Sünder, so daß sie ihm kaum widerstehen konnten. «Brüder», ermahnte er eines Tages junge Burschen, die auf dem Weg in ein Haus der Sünde waren, «erbarmt euch doch euerer Seelen». Wie die Gaben im Bettelsack, so sammelte er alle irdische und geistige Not, und alles Böse, das er tagsüber bemerkte, brachte er des Nachts in langen Gebetsstunden vor den Heiland und seine Mutter. Gern kniete er dabei vor dem Marienaltar. Dabei wurde er öfter von heiliger Liebe so entzündet, daß er seine Arme ausbreitete und mit heiliger Einfalt die Gottesmutter bat, sie möchte ihm doch einen Augenblick das Jesukind schenken. Und zuweilen gewährte ihm Maria diese Bitte, und dann drückte er das Gotteskind an sein Herz und gab es mit demütigem Dank der gütigen Mutter zurück. So war es auch sein innigster Wunsch, die Mutter mit dem Kinde möge ihn zum Letzten Gang abholen, und diese Bitte wurde erfüllt. An seinem Todestag, den er vorauswußte, erschien ihm die himmlische Mutter Maria, von Engeln begleitet. Sein Antlitz verklärte sich, und als er gefragt wurde, was er denn sehe, antwortete er: «Ich sehe, was ihr jetzt nicht sehen könnt. Seht ihr denn nicht meine liebe Mutter, die seligste Jungfrau, mit einem Chor von Engeln?» Und selig sterbend, wiederholte er immer nur das eine: «Der Engel ward gesandt zu einer Jungfrau!» Am 18. Mai 1587 ging er hinüber zu ihr, und im Maimonat 1712 wurde er heiliggesprochen.

Bettler Gottes zu sein dürfen wir uns nicht schämen. Das gehört zu jedem Marienkind und zu jeder Maiandacht, die Fürbitte für Freunde und Feinde, für Gesunde und Kranke, für die Nöten der Zeit und der Kirche, für die Bekehrung der Sünder. Alle Not bringen wir vor diejenige, die ein Herz hat für alle Anliegen ihrer Kinder und die nichts lieber sieht, als wenn wir für einander bitten.

Lasset uns beten! Wir bitten Dich, Herr und Gott, verleihe uns, Deinen Dienern, die Freude beständiger Gesundheit der Seele und des Leibes und laß uns durch die glorreiche Fürsprache der seligen, allzeit jungfräulichen Mutter Maria von der gegenwärtigen Trübsal befreit und mit der ewigen Freude erfüllt werden. Durch Christus, unsern Herrn. Amen.

Herr Jesus Christus, laß uns in Einfalt und Unschuld unseres Herzens wandeln, aus Liebe zu diesen Tugenden bist Du ja vom Schoße Deiner Mutter in die Arme Deines heiligen Bekenners Felix herabgestiegen. In Dir lebt und herrscht Gott von Ewigkeit zu Ewigkeit. Amen.

DIE HL. THERESIA VOM KINDE JESU

Am 17. Mai 1925 wurde eine junge Karmelitin heiliggesprochen, die sich in einer Lebensspanne von kaum 25 Jahren nicht nur die Ehre der Altäre, sondern auch die Liebe und das Vertrauen der ganzen christlichen Welt erobert hat. Es ist die «kleine weiße Blume» vom Karmel in Lisieux, die am 30. September 1897 für diese Erde verblühte und die wir kennen unter dem Namen: hl. Theresia vom Kinde Jesu.

Ihre frommen Eltern hatten ihre zahlreichen Kinder Gott und der Himmelskönigin geweiht, und sie trugen daher alle an erster Stelle den Namen Maria. Auch Theresia hieß in der Welt Maria Franziska. Wie ihre Eltern schon ihren Lebensbund in einer Marienkirche schlossen, so wurde auch Theresia in dieser Kirche getauft. Mit 4 Jahren verlor sie schon ihre Mutter, und als dazu noch ihre Schwester Pauline ins Kloster eintrat, die sie bisher an Mutters Statt erzogen hatte, da verfiel die Kleine in eine tödliche Krankheit, der die Ärzte ratlos gegenüberstanden. So bestellte der fromme Vater im Heiligtum Unserer Lieben Frau vom Siege in Paris eine Meßnovene, und Theresia wandte sich an Maria, sie möge sich doch ihrer erbarmen. «Und siehe» — so schreibt sie selbst in ihrer Lebensgeschichte — «plötzlich kam Leben in das Bild der seligsten Jungfrau, die Statue bekam Schönheit und Glanz, wie es keine menschlichen Worte auszudrücken vermögen. Was mich aber bis ins Innerste ergriff, war ihr seliges, himmlisches Lächeln.» Sofort wichen alle Ängste und Leiden, und Theresia war gesund.

Durch eine besondere Gunst des Hl. Vaters durfte sie schon im Alter von nicht ganz 15 Jahren in den Karmel eintreten. Auch hier hat Maria wieder ihre mütterliche Liebe geoffenbart. «Die allerseligste Jungfrau half mir das hochzeitliche Gewand meiner Seele herzurichten, und als mein Brautschmuck vollendet war, da schienen auch alle Hindernisse beseitigt.» Am Feste Mariä Geburt 1890 legte sie ihre feierlichen Gelübde ab und bot sich als Schlachtopfer an. Am Abend legte sie ihren Brautkranz zu Füßen der seligsten Jungfrau nieder. Als sie beim Eintritt in den Orden nach dem Beweggrund gefragt wurde, antwortete sie: «Ich bin gekommen, um Seelen zu retten und ganz besonders für die Priester zu beten.»

Theresia suchte nichts Außergewöhnliches. Sie verlangte nicht Visionen und Offenbarungen. Die vollkommene Erfüllung des Willens Gottes aus Liebe zu ihm bis ins Allerkleinste und Allergewöhnlichste hinein, das war der Weg der geistigen Kindheit, den sie selbst gegangen ist und den sie uns lehrt. Fröhlich brachte sie alle Opfer, so daß ihre Mitschwestern gar nichts ahnten von all ihren seelischen Leiden und inneren und äußeren Opfern. Sie sahen in ihr ein sorgloses, verwöhntes Kind der göttlichen Barmherzigkeit, und doch war sie nicht die Rosenheilige, als welche viele sie ansehen. Kurz vor ihrem Tode gestand sie: «Der Kelch der Bitterkeit ist bis zum Rande gefüllt. Nie hätte ich es für möglich gehalten, daß man soviel leiden könne.»

Die Quelle dieser Opferbereitschaft und inneren Fröhlichkeit waren das Beispiel und die Hilfe der Gottesmutter. Davon gibt ihr letztes Gedicht vom Mai 1897 Zeugnis, das 25 Strophen hat und in dem es heißt:

> «Ich fühle Kraft in mir, auch deinen Weg zu wandeln,
> auf schmalem Steg, o Königin der Sel'gen Schar.
> Du zeigst den Pfad zum Paradiese durch dein Handeln,
> dein Tugendleben über alles einfach war . . .»

Besser können wir der Gottesmutter unsere Liebe nicht beweisen, als daß wir mit Theresia diesen Weg der geistigen Kindheit, des Gehorsams bis ins Kleinste und den Weg unbedingten Vertrauens auf Gott nachgehen. Seitdem Theresia mit den Worten: «O, ich liebe dich, mein Gott, ich liebe dich,» die Augen schloß, läßt sie nach ihrem Versprechen Rosen der Gnade auf ihre Verehrer regnen, die ihr gleichsam die Himmelsmutter aus ihrem geistigen Rosengarten zur Verfügung stellt.

Lasset uns beten! Gott, Du hast die Seele der hl. Theresia vom Kinde Jesu mit Deinem Geiste der Liebe erfüllt. Gib, daß wir Dich auch lieben und dahin wirken, daß Du viel geliebt wirst. Amen.

Hl. Theresia vom Kinde Jesu, du Patronin der Missionen, bitte für uns!

Herr, Du hast gesagt: Wenn ihr nicht werdet wie die Kinder, so könnt ihr nicht in das Himmelreich eingehen. Wir bitten Dich daher: gib uns die Gnade, in Armut und Herzenseinfalt so den Spuren der hl. Jungfrau Theresia zu folgen, daß wir den himmlischen Lohn erlangen. Der Du lebst . . .

DER HL. BERNARDIN VON SIENA

Ein Gnadenkind Mariens war der kleine Bernardin, der 1380 als Sohn angesehener Eltern in Siena geboren wurde. Wohl verlor er schon mit 6 Jahren seine leiblichen Eltern, aber um so mehr fühlte sich das Kind ganz der Obhut der Gottesmutter anvertraut. Oft kniete er in einem Kapellchen nahe der Stadt, in dem ein Marienbild die Himmelfahrt der Auserwählten darstellte. Konnte Bernardin die himmlische Mutter nicht in Wirklichkeit sehen, so wollte er sich wenigstens an ihrem Bilde erfreuen, vor dem er stundenlang knien konnte. Eines Tages aber schaute er Maria wirklich und hörte ihr Versprechen: «Deine Andacht ist mir sehr wohlgefällig, und als Unterpfand des dir vorbehaltenen Lohnes gebe ich dir die Gnade des Predigtamtes und die Kraft, Wunder zu wirken. Es sind dies die Gaben, die ich dir von meinem göttlichen Sohn erfleht habe, und ich füge denselben noch die Versicherung hinzu, daß du einst mit mir teilnehmen wirst an der Herrlichkeit, die ich im Himmel genieße.» Die Folgezeit bestätigte die Echtheit dieser Vision.

Die fromme Tante hatte ihm geraten: «Mein Kind, du bereitest der Gottesmutter eine große Freude, wenn du am Samstag und an den Vortagen ihrer Feste fastest und das Ersparte den Armen gibst.» Diesen Rat hat sich Bernardin zu Herzen genommen und sein ganzes Leben lang befolgt.

In Siena war ein Spital mit Namen «Maria von der Stiege». Dort pflegte eine Marienbruderschaft junger Männer die Kranken. Der Name der Bruderschaft und des Hauses lockte Bernardin an, so daß er dort eintrat und sich mit allem Eifer den Kranken widmete. Als die Pest ausbrach, ergriffen alle Pfleger die Flucht, und zuletzt wußte sich selbst der Vorsteher des Spitals nicht anders zu helfen, als daß er die Schlüssel des Hauses in die Hände Mariens gab und auf und davonlief. In ihrer Hand aber waren sie gut aufgehoben. Maria sandte ihren treuen Diener Bernardin, der nun 4 Monate lang die Pestkranken pflegte, tröstete und viele mit eigenen Händen begrub. Dann aber war er selbst dem Tode nahe. Doch Maria schenkte ihm zum zweitenmal sein Leben, damit sie ihn zum Ziele führen könne. Dieses Ziel war der

Orden des hl. Franziskus. Wie Maria vorausgesagt hatte, wurde er mit dem Predigtamt betraut. Es war eine sehr böse, sittenlose und unkirchliche Zeit, und Bernardin war wie geschaffen, sie zu heilen und zu bessern. Er war ein kluger, geistreicher Mann, fein und heiter im Umgang mit den Menschen, würdevoll im Benehmen, gewinnend, bescheiden, gewinnend seine Sprache. Nur eins fehlte ihm: die Stimme, die von Jugend auf schwach und heiser war. Da wandte sich Bernardin an seine Mutter, und siehe, von der Stunde an hatte er ein kräftiges, angenehmes Organ. Wie ein zweiter Paulus durchzog er Italien und predigte Buße. Besonders muß er als Urheber der Andacht zum hl. Namen Jesu gelten, auf dessen Kraft er sich ganz verließ. 34 Jahre lang arbeitete er an der Bekehrung seines Vaterlandes, das er von Grund auf veränderte und zum Guten zurückführte. Viele Wunder, darunter 4 Totenerweckungen, bekräftigten seine Bußpredigten, so daß er schon einige Jahre nach seinem Tode, der 1440 erfolgte, heiliggesprochen werden konnte.

Aber auch seine himmlische Mutter vergaß er nicht. Wenn er von ihr sprach, belebten und verklärten sich seine Züge, die von Buße und Arbeit abgemagert waren; wie ein mächtiger Strom flossen seine Worte. Offen bekannte er sich auf der Kanzel als Marienkind. So erklärte er einst in einer Predigt: «An einem Marientag bin ich geboren, am 8. September, — am selben Tage wurde ich getauft, an demselben Tag bin ich in den Orden eingetreten, an diesem Tage habe ich Profeß gemacht, die erste hl. Messe gefeiert und die erste Predigt über Maria gehalten. Ich hoffe, Maria wird mich auch an diesem Tage aus dem Leben rufen.» Sein Todestag wurde zwar nicht der 8. September, sondern der heutige 20. Mai, und es war wiederum ein Maitag, der 24. Mai 1450, an dem er heiliggesprochen wurde.

Wie der hl. Bernardin durch seine Predigten viel zur Erneuerung der christlichen Sitten beitrug und die Verehrung Mariens förderte, so gibt es heute auch kaum mehr eine Maiandacht, in der nicht durch Predigt, Lesung oder Betrachtung über das Leben der Gottesmutter die Andacht zu ihr vertieft wird. Ihr nachzuleben ist die schönste Marienverehrung. Man kann sagen, daß der hl. Bernardin durch die Tiefe seiner Marienpredigten den mächtigen Anstoß zur weiteren Durchforschung der Marienfragen gegeben hat.

Lasset uns beten! O Gott, Du hast Deinem hl. Bekenner Bernardin eine besonders innige Liebe zum Namen Deines Sohnes und zu Maria, seiner Mutter, verliehen. Wir bitten Dich: gieße uns in Deiner Güte um der Fürsprache dieses Heiligen willen den Geist Deiner Liebe ein, damit wir den Schutz der hl. Namen Jesus und Maria im Leben und Sterben an uns erfahren. Durch Christus unsern Herrn. Amen.

DER HL. JOHANNES BERCHMANS

In dem glänzenden Dreigestirn der Jugendheiligen des Jesuitenordens ist der hl. Johannes Berchmans nicht weniger durch seine
Marienliebe ausgezeichnet als Aloisius und Stanislaus. Während diese
aus adeligen Häusern stammten, war der Vater des Johannes ein
einfacher Schuhmacher aus Holland, der den beharrlichen Bitten seines
Buben, studieren zu dürfen, nachgab. Mit 17 Jahren trat er ins Noviziatshaus der Jesuiten in Mecheln ein und schrieb damals schon: «Ich
will ein Heiliger werden, und wenn ich es nicht als Jüngling werde,
werde ich es niemals. Meinen Jesus will ich über alles lieben, Maria
aber wie meine Mutter!» Die ganze Liebeskraft seines Herzens über-
trug er auf Maria, und das gab seinem Leben die große Fröhlichkeit.
Der Rosenkranz wurde sein Lieblingsgebet, Maria zu Ehren hielt er
häufige Fasten, von ihr redete er gern in der Freizeit. Seine kleinen
Tagesanliegen schrieb er auf einen Zettel und steckte ihn hinter ein
Marienbild. Er wußte aus Erfahrung, daß seine himmlische Mutter
diese stillen Bitten gern erhörte. Schon als Knabe von 12 Jahren hatte
er sich durch ein Gelübde zur ewigen Jungfräulichkeit verpflichtet,
um ganz Maria anzugehören. Sein Grundsatz lautete: «Ich will nicht
eher ruhen, bis ich eine glühende Liebe zu Maria erlangt habe.»

Kurz vor seinem Tode durfte er seinem Seelenführer bekennen, daß
er mit Hilfe der Gottesmutter seine Kindesunschuld bewahrt und nie
eine freiwillige läßliche Sünde begangen habe. Die damals heiß um-
strittene Lehre von der Unbefleckten Empfängnis der Gottesmutter
stets zu verteidigen, verpflichtete er sich mit einem Gelübde, das er mit
seinem eignen Blute unterschrieb. Ihr zu Ehren wollte er ein Buch
schreiben. In Rom sollte er seine theologischen Studien machen. Dort
meinte man, der hl. Aloisius sei wiedergekehrt, so weit war Johannes
schon in der Heiligkeit vorangeschritten. Und Johannes wollte auch
ein zweiter Aloisius werden. Immer wieder suchte er die Zelle auf, in
der Aloisius gebetet und gebüßt hatte, immer wieder kniete er an
seinem Grab. Er sollte ebenso früh vollendet von dieser Erde scheiden,
denn der junge Flame vertrug das römische Klima nicht. Mit 22 Jahren
mußte er aufs Kranken- und Sterbebett. Er fürchtete sich nicht vor

dem Tode, hatte er doch schon früh nach dem Grundsatz gelebt: «Jede Handlung will ich verrichten, als sei es meine letzte. Nie kann ich ein wahrer Gefährte Jesu werden, wenn ich nicht mit Christus gekreuzigt bin.» — Als der Arzt ihn einmal fragte: «Nun, wie geht's?», da antwortete Johannes: «Es geht dahin, Herr Doktor!» «Und wohin geht es?» — «In den Himmel», war die glückliche Antwort. Dann nahm er sein Kreuz, seinen Rosenkranz und das Regelbüchlein seines Ordens und sprach: «Diese sind mir das Teuerste, mit diesen drei sterbe ich gern!»

Daß ihm das Emporsteigen zur Heiligkeit ganz unter dem Schutz Mariens gelungen war, sprach er am Vorabend seines Todes einem flämischen Landsmann gegenüber aus, der ihn fragte, was man tun müsse, um zu wahrer Heiligkeit zu gelangen. Mit leuchtenden Augen erwiderte Johannes: «Das mächtigste, erste und letzte Mittel, das ich im Streben nach Vollkommenheit gebraucht habe, war die Liebe und Verehrung der seligsten Jungfrau. Bleiben Sie immer ein wahrer Sohn Mariens!» Als der Priester ihm die hl. Wegzehrung brachte, sprach er laut: «Ich bekenne, daß ich leben und sterben will als wahrer Sohn der hl. Mutter Kirche; ich bekenne, daß ich leben und sterben will als ein Kind der seligsten Jungfrau Maria; ich bekenne, daß ich leben und sterben will als ein wahrer Sohn der Gesellschaft Jesu.» Noch in der letzten Nacht hatte er den Hymnus gesungen: «Ave maris stella» — Meerstern ich dich grüße —, und dabei war er gleich von der 1. zur 4. Strophe übergegangen: «Zeige, daß du Mutter bist!» Unter den Anrufungen der Muttergotteslitanei, den Blick voll Freude auf ein Marienbild gerichtet, wiederholte der Sterbende noch mehrmals leise die Worte, die ihn seine fromme Mutter als erste hatte sprechen gelehrt: «Jesus, Maria!» Sanft hauchte er am 13. August 1621 seine reine Seele aus. Am 9. Mai 1866 folgte seine Seligsprechung, 1887 seine Heiligsprechung. Seine Reliquien ruhen in der Ignatiuskirche in Rom, gegenüber denen des hl. Aloisius.

Merken wir uns den Leitgedanken, den der Heilige befolgte: «Seit dem Tage, da ich mich entschlossen hatte, nach Vollkommenheit zu streben, war es bei mir ausgemacht, die Andacht zur allerseligsten Jungfrau zugrunde zu legen. Ihr verdanke ich alles, was ich je zustande gebracht habe.»

Gebet zum hl. Johannes Berchmans. Heiliger Johannes, du engelgleicher

Jüngling, du lieblich duftende Blüte der Reinheit, du wackerer Streiter in den Reihen der Gesellschaft Jesu! Mit Feuereifer hast du dich eingesetzt für die Lehre von der Unbefleckten Empfängnis der seligen Jungfrau Maria. In seiner weisen Vorsehung hat Gott dich als leuchtendes Vorbild hingestellt, um zu zeigen, welch reiche Schätze der Heiligkeit in der treuen, gewissenhaften Erfüllung der Pflichten des täglichen Lebens ruhen. Inständig bitte ich dich: hilf mir, daß ich beharrlich und treu die Pflichten meines Standes erfülle, ein reines Herz mir bewahre, unerschrocken und mutig streite wider die Feinde des ewigen Heiles und bereitwillig tue, was Gott von mir will. Du warst ein Lieblingskind der gütigen Gottesmutter und trugst zu ihrer besonderen Verehrung bei. Erwirke auch mir eine innige Liebe zu Jesus und Maria, und hilf mir, daß ich recht viele aneifern kann, sie liebevoll zu verehren.

Darum erwähle ich dich, heiliger Johannes, zu meinem besonderen Schutzpatron und bitte dich in Demut: erflehe mir einen großen Eifer in allem, was der Verherrlichung Gottes dient, und hilf mir, daß mein Leben reich wird an guten Werken. Wenn einst die Stunde des Todes naht, dann schenke auch mir in deiner Güte ein so festes, kindliches Vertrauen, wie es dich beseelte. Als du schon im Begriffe warst, hinüberzugehen in den Himmel, da drücktest du liebevoll das Kreuz, den Rosenkranz und das Regelbüchlein an deine Brust und sprachst die schönen Worte: «Das sind mir die liebsten drei Dinge, mit diesen will ich gerne sterben.»

Bitte für uns, o heiliger Johannes! Auf daß wir würdig werden der Verheißungen Christi!

Lasset uns beten! Wir bitten Dich, Herr und Gott, gib Deinen Dienern die Gnade, in Deinem Dienste die vorbildliche Reinheit und Treue nachzuahmen, durch die der engelgleiche Jüngling Johannes die Blüte seines Lebens geheiligt hat. Durch Christus unsern Herrn. Amen.

DER HEILIGE HERMANN JOSEPH

Wer von uns kennt nicht das liebliche Bild des Buben, der dem Jesuskind auf den Armen der Gottesmutter einen Apfel reicht, den dieses lächelnd entgegennimmt! Um das Jahr 1200 ist diese Begebenheit in Köln, in der Kirche «Maria im Kapitol», geschehen, und der Knabe war der heilige Hermann Joseph. Er starb als Ordensmann im Kloster Steinfeld in der Eifel am 7. April 1241. Schon als Kind weihte ihn seine Mutter der seligsten Jungfrau Maria, und Hermann Joseph machte ernst mit dieser Weihe. In seinem Leben verging kein Tag ohne herzliches Gebet zu Maria, von ihr konnte er nicht genug hören oder sprechen, jeden Tag suchte er, ihr zur Ehre etwas zu tun, und seine schönsten Lieder weihte er ihr. Ihr vertraute er allen Kummer an, ihr Bild schmückte er mit Blumen, die ihn an die Himmelsblume erinnerten. Als Hermann Joseph einmal einen schönen rotwangigen Apfel in der Hand hatte und mit Lust verzehren wollte, da hielt er inne und sprach zu sich: den bringst du der himmlischen Mutter mit dem Kind. — Und siehe, als er vor ihrem Gnadenbilde kniete, da streckte das Kind auf den Armen der himmlischen Frau seine Händchen aus und nahm den Apfel an. Da seine Eltern arm waren, kam er einmal im Winter ohne Schuhe in die Kirche. Das konnte nun die Gottesmutter nicht mit ansehen, und sie sprach zu ihm: «Geh an den Stein dort, da sind vier Groschen. Nimm sie und laß dir Schuhe dafür nähen!» Und sooft Hermann Joseph in Not war, half ihm Maria auf wunderbare Weise.

Schon mit 12 Jahren erbat er sich die Aufnahme in das Kloster Steinfeld, denn dort lebten Prämonstratensermönche, die eine besondere Andacht zu Maria pflegten. Mit Freuden übte er zuerst das Amt des Sakristans aus, später wurde er Priester und war als Beichtvater und Prediger sehr geschätzt. In seiner freien Zeit schrieb er fromme Bücher und Lieder, auch das erste Herz Jesulied stammt von ihm. — Schon als Kind hatte ihm die Gottesmutter bedeutet, daß auch er werde viel leiden müssen. Und in der Tat: Hermann hielt seinem Herrn und seiner himmlischen Mutter nicht mehr einen rotwangigen Apfel entgegen, sondern den Kelch verborgener Leiden und Schmerzen. Aus dem Opfer der hl. Messe schöpfte er die Kraft zu seinem täglichen Kreuzweg. Zu einem Magenleiden kamen Kopfschmerzen, Herzkrämpfe und allgemeine Schwäche. Auch der Teufel verschonte ihn nicht mit schweren Versuchungen, die er früher nie gekannt hatte, und scheute sich nicht, ihn auch äußerlich zu quälen.

Maria aber erflehte ihm leibliche und geistige Kraft, das alles durchzustehen. Er erreichte ein hohes Alter und erlangte vor seinem Tode noch die Gnade, der Gottesbraut geistig vermählt zu werden, das Jesuskind auf die Arme nehmen und den Namen Joseph tragen zu dürfen. Als er in der Osterwoche seine Seele dem Herrn zurückgab, glich er der Blume, die mit letztem vollen Duft den Schöpfer grüßt. Der Herr verpflanzte sie in den Himmelsgarten, wo sie zur Ehre des Dreieinigen und zur Freude der himmlischen Mutter weiterblüht, zum Vorbild für alle Marienverehrer, besonders in deutschen Landen.

Gott, Du hast Deinen heiligen Bekenner Hermann Joseph von seiner Kindheit an mit Hulderweisen der himmlischen Mutter bedacht, so bitten wir, daß wir den Spuren seines reinen und heiligen Lebens folgen und dorthin gelangen, wo die Heiligen ihre himmlische Königin und Mutter loben und preisen und Dir für ihre Glorie danken in alle Ewigkeit. Amen.

DER HL. GERHARD MAJELLA

Wie hat der Herrgott doch die Welt so schön gemacht! Tausend Blümlein brechen ihre Hülle unter dem Strahl der warmen Sonne. Jedes hat seine eigene Art, jedes seinen eigenen Duft. So schön und noch viel schöner ist es im Blumengarten des Himmels. Jeden Heiligen hat die Gnadensonne Gottes einen andern Weg geführt. Eine der schönsten Himmelsblumen hat sich Gott aus einer armen Familie zu Muro in Italien ausgesucht. Am 6. April 1726 kam Gerhard als jüngstes von 5 Kindern in einer armen Schneidersfamilie zur Welt. Munter und lebhaft wuchs der Knabe heran, nichts tat er lieber, als zur Kirche zu gehen, um die Statuen und Heiligenbilder anzuschauen. Er war noch nicht sechs Jahre alt, da trippelte er zu einer Kapelle, öffnete sie bedächtig und betrat verstohlen das Heiligtum. Sein erster Blick fiel auf die Marienstatue. Das Jesuskind auf den Armen lächelte ihm zu, stieg herab und spielte mit ihm. Beim Abschied gab es ihm noch ein weißes Brötchen. Da er nach damaliger Sitte noch nicht kommunizieren konnte, brachten ihm Engel im Alter von 7 Jahren die erste hl. Kommunion.

Schon als Büblein stammelte er alle Gebete zu Maria, die er kannte. Mit 12 Jahren war er am Fest der Unbefleckten Empfängnis auf den reich geschmückten Altar geklettert, wo er dem Muttergottesbild einen Ring an den Finger steckte und sprach: «Nun bin ich der Madonna geweiht auf immer». Groß war daher seine Freude, als ihm später gestattet wurde, in den Orden der Redemptoristen einzutreten, die in ihrem Kloster ein wundertätiges Marienbild hatten, Unsere Liebe Frau vom Troste. Dankbare Pilger hatten es mit goldenen und silbernen Herzen geschmückt, aber gewiß war keines von ihnen Maria so lieb wie das des Gerhard, in das, wie in eine lebendige Votivtafel, Dank und Liebe unauslöschlich eingegraben waren.

An allen Samstagen fastete er ihr zu Ehren bei Wasser und Brot, jedes Muttergottesfest bereitete er durch eine Novene vor, wobei er einen Teil der Nacht im Gebete in der Kirche zubrachte und öfter die Erscheinung der Gottesmutter genießen durfte. Die innere Freude, die ihn deshalb ergriff, war so groß, daß er oft auf offener Straße zu hüpfen und Marienlieder zu singen begann. Wie Aloisius war auch Gerhard ein Engel im Fleische, und diese Herzensreinheit war das Geheimnis dafür, daß er viele Sünder zu Gott zurückführte, obwohl er nur ein Laienbruder war. So ist es nicht zu verwundern, daß ihm auch der böse Feind nachstellte; aber jene, die der Schlange den Kopf zertrat, ließ auch nicht zu, daß sie über Gerhard triumphierte.

Seine geistlichen Lebensregeln sind ganz im marianischen Geiste abgefaßt: Alles, was man tut, ist Gebet, wenn man es für Gott tut. – Jede Mühe hört auf, Mühe zu sein, wenn man sie Gott aufopfert. – Um den Willen Gottes zu erfüllen, muß ich dem meinigen entsagen. – Ich will für mich nie den ersten Platz, die bequemste Stellung oder die besten Werkzeuge wählen. – Ich werde niemanden anklagen noch von den Fehlern der andern reden, nicht einmal im Scherz. – Das heiligste Sakrament ist der unsichtbare Christus auf Erden. Die Armen und Kranken sind jedoch der sichtbare Christus. Ihnen helfen heißt, Gott dem Herrn dienen. – Gerade dieses Wort hat Gerhard als Pförtner wahr gemacht; er gab allen und gab immer, weder Zudringlichkeiten noch Unverschämtheiten konnten seine Geduld erschöpfen. Nicht selten vermehrte sich das Brot unter seinen Händen. Er war eben ein Kind der Mutter der Barmherzigkeit. Nur 30 Jahre alt war er, als er sich am 15. Oktober zum Sterben niederlegte. Nachdem er die Verlassenheit Jesu am Kreuze durchlitten hatte, verklärte sich sein Angesicht, und er rief aus: «Seht da die Mutter Gottes, o verehren wir sie, verehren wir sie!» Kaum hatte Gerhard den letzten Atemzug getan, da umgab diesen Leib, der sich in Arbeit und Buße aufgezehrt hatte, ein überirdisches Leuchten, und zahlreiche Wunder setzten an seinem Grabe ein, so daß er am 11. Dezember 1904 von Papst Pius X. heiliggesprochen wurde. Nun hat der arme, oft verlachte Gerhard seinen Platz unter den Heiligen und erweist sich auch heute noch als Diener der Mutter der Barmherzigkeit für alle, die ihn vertrauensvoll anrufen.

Vergessen wir nicht auch diese Art der Marienverehrung: selbst Kinder der Barmherzigkeit zu sein. Da wir selbst ganz auf die Barmherzigkeit Gottes und die Fürbitte seiner hl. Mutter angewiesen sind, wollen wir die leiblichen und geistigen Werke der Barmherzigkeit üben, denn auch von der Mutter im Himmel werden die Barmherzigen Barmherzigkeit erlangen. Amen.

Lasset uns beten! Hl. Gerhard, du bist der Vater der Armen, ein Vorbild der Geduld und der Frömmigkeit und des kindlichen Vertrauens auf die himmlische Mutter. Du hast so bereitwillig allen die Tür der Barmherzigkeit aufgetan. Um dieser hochherzigen Liebe willen tritt für uns ein bei Unserer Lieben Frau von der Immerwährenden Hilfe. Laß uns hier deine Tugenden nachahmen, damit wir einst würdig werden, durch die Fürbitte Mariä von Gott die Verzeihung all unserer Sünden und die ewige Seligkeit zu erlangen. Amen.

DER HL. BRUDER KONRAD

Auch heute feiern wir einen Klosterpförtner, der uns deutschen Katholiken besonders nahesteht und ebenso unserer Zeit; ist er doch erst 1894 gestorben und einer der wenigen Deutschen, die seit der Glaubensspaltung heiliggesprochen worden sind. Auch er ist wie Gerhard ein Diener der Mutter der Barmherzigkeit, denn 41 Jahre lang durfte er an der Klosterpforte von Altötting den Armen und Hilfesuchenden leibliche oder geistige Almosen spenden. Schon früh keimte in seinem Herzen die Andacht zu Maria auf. Auf seinen langen Schulwegen betete er den Rosenkranz und bewog auch seine Kameraden mitzubeten. Nie ist ihm der Rosenkranz bei der Arbeit hinderlich gewesen. Fleißig besuchte er die Wallfahrtsorte Altötting und Passau, war eifriges Mitglied der Herz Mariä Bruderschaft für die Bekehrung der Sünder und der marianischen Kongregation und trug seit seinen jungen Jahren das Skapulier. Einer der Vorsätze, die er bei seiner Profeß als Richtschnur für seinen Weg zur Heiligkeit niederschrieb, war: «Ich will bestrebt sein, immer eine innige Andacht zu Maria, der seligsten Jungfrau zu haben, und mich eifrig bemühen, ihre Tugenden nachzuahmen.»

All sein Sehnen war gestillt, als es ihm vergönnt war, seine Hütte bleibend in der Nähe der Gnadenmutter von Altötting aufzuschlagen. Seine Briefe von dort beginnen immer mit den Worten: «Gelobt sei Jesus und Maria» — und schließen: «Ich empfehle Dich in die hl. Herzen Jesu und Mariä.» — Er ermahnt seine Geschwister, seinen Marienaltar daheim immer mit Blumen zu schmücken und täglich die Maienkönigin zu ehren. Mariens Bild an der Pforte von Altöttings Kapuzinerkloster und das kleine Bild in der Alexiuszelle waren an ihren Festen und im Maimonat von seiner Hand mit ausgesuchter Liebe geziert. Obwohl er einen schweren Posten innehatte, der ihn den ganzen Tag in Atem hielt, betete er täglich das Marienbrevier. Stets hatte er um den Mittelfinger der linken Hand den Rosenkranz von der Unbefleckten Empfängnis gewunden, und gerade dieser Finger ist unversehrt geblieben. Mit Gebet und Fasten bereitete er sich auf die Marienfeste vor, und wenn es zum Chore ging, betete er auf jeder Stufe ein Ave Maria.

Der einfache Laienbruder war durch das Studium marianischer Schriften genau über die Stellung Mariens im Heilsplan unterrichtet und kannte genau ihre Gnadenvorzüge. Bei jedem Wetter ging er um 5 Uhr morgens zur hl. Marienkapelle, um am Gnadenaltar zu dienen. Auch seine Mittagspause bestand meistens in einem Besuch bei der Himmelsmutter. Wiederholt konnten Zeugen dann bei seinem Rosenkranzgebet Feuerfunken oder Feuerkugeln aus seinem Munde zum Gnadenbild hinauffliegen sehen. Jedes Trüpplein Kinder, das sich einfand, um von ihm ein Stück Brot entgegenzunehmen, mußte vorher ein Ave Maria beten. Maria war ihm stets der Weg zu Christus, darum auch seine innige Liebe zum eucharistischen Christus, zum Herzen Jesu und zum Leiden Christi. Entgegen der Gewohnheit jener Zeit erhielt er von seinen Oberen damals schon die Erlaubnis täglich zu kommunizieren. «In Gottes Namen» war sein Lieblingswort, Gottes Willen in allem zu erfüllen sein Ideal.

Als er am 18. April 1894 als 75jähriger Greis das letzte Mal ministrierte und seinen Dienst an der Pforte wieder angetreten hatte, meldete er sich nachmittags beim Oberen und sagte: «P. Guardian, jetzt geht's nimmer.» Der Obere entgegnete: «Legen Sie sich in der Muttergotteszelle nieder, denn Sie haben ja die Muttergottes so gern gehabt.» Mit Freuden befolgte der sterbenskranke Bruder diese Weisung. Noch vom Sterbebette aus wollte er an seinem letzten Lebensabend den Dienst an der Pforte erfüllen, als es schellte. Aber Maria hatte an dem ihr geweihten Tage für ihn schon die Himmelspforte geöffnet. Beim Klang der Aveglocke hauchte er seine heilige Seele aus. Am 20. Mai 1934 wurde der demütige Kapuzinerlaienbruder heiliggesprochen.

Lernen wir von ihm nicht nur eine gefühlsbetonte Marienverehrung, sondern diese Verehrung auch tiefer zu begründen, indem wir Schriften über Maria lesen und ihre Stellung im Heilsplan Gottes kennen lernen. Unser Vertrauen wird sich mehren und unsere Verehrung wird tiefer werden, denn «je besser dich mein Geist erkennt, je mehr mein Herz in Lieb entbrennt».

Lasset uns beten! O Gott, Du wolltest, daß die Pforte Deiner Barmherzigkeit offenstehe. Daher bitten wir Dich flehentlich: teile auf die Fürsprache Deines heiligen Bekenners Konrad Gaben für Zeit und Ewigkeit aus an alle, die die Mutter der Barmherzigkeit nach seinem Beispiel anrufen, durch die der Welt das Heil geboren wurde, Jesus Christus, Dein Sohn, unser Herr. Amen.

DER HL. KLEMENS MARIA HOFBAUER

Der hl. Klemens Maria Hofbauer war der erste deutsche Redemptorist. Am 26. Dezember 1751 in Mähren geboren, erlernte er das Bäckerhandwerk. Wohltäter ermöglichten ihm das Studium. Um in der Zeit der Aufklärung an den reinen Quellen die hl. Wissenschaften zu studieren, begab er sich nach Rom. Dort führte ihn Gott durch das Aveläuten am frühen Morgen zu einem Kirchlein der Redemptoristen, bei denen er um Aufnahme bat, die ihm auch gewährt wurde. Mit 34 Jahren feierte er sein erstes hl. Meßopfer, dann wurde er als Seelsorger der Deutschen nach Warschau gesandt, wo er 22 Jahre ungemein segensreich wirkte. Durch die Umtriebe der Freimaurer wurden die Redemptoristen von dort vertrieben, und Klemens Maria begab sich 1808 nach Wien, wo er noch 12 Jahre mit viel Erfolg wirken konnte. Als Prediger, Beichtvater, Helfer der Armen, Hort der Jugend, Tröster der Sterbenden hat er das ganze geistige Leben dieser Stadt erneuert und die Gründung einer deutschen Nationalkirche verhindert. Mit Recht wird er der zweite Apostel Wiens genannt.

Was aber diesem Leben und Wirken des hl. Klemens Schwungkraft und Segen verlieh, das ist im zweiten Namen des Heiligen ausgedrückt, den er nicht umsonst trug: Maria. Seine Liebe und Verehrung zu ihr war kindlich und tief. Mit großer Pracht feierte er die Marienfeste, besang in Liedern und Bildern seine himmlische Mutter, denn er wußte auch für das Volk keinen besseren Weg zu Christus als über Maria, die Mutter des Herrn. Jugend und Alter sammelte er in Marianischen Kongregationen. In allen Anliegen pilgerte er zu den marianischen Gnadenorten Österreichs.

Aus dem Rosenkranzgebet schöpfte er seinen tiefen Glauben, sein Gottvertrauen, seine Gottes- und Marienliebe. «Der Rosenkranz ist meine Bibliothek», pflegte er zu sagen, dort holte er sich Rat und Weisheit bei der Mutter vom Guten Rat und beim Sitz der Weisheit. Er bekräftigte öfter: «Wenn ich zu einem Kranken gerufen werde, der nicht beichten will, dann bete ich unterwegs den Rosenkranz. Wohnt einer weit in der Vorstadt, dann geht es sicher gut, weil ich dann den Rosenkranz für ihn beten kann. Ich wüßte nicht, daß ein Sünder verstockt geblieben wäre, wenn ich vorher Zeit gefunden habe, für ihn den Rosenkranz zu beten.»

Besonders verehrte er die beiden Geheimnisse der Unbefleckten Empfängnis und Mariä Verkündigung. Daher eiferte er mit glühender Begeisterung für das Beten des Angelus. So wie er diesem Gebet und dem Aveläuten seine Berufung zum Ordensstande zu verdanken hatte, sollte er auch beim Sterben vom Klang des Aveglöckleins gerufen werden.

Als es am 15. März 1820 von allen Türmen der Stadt Wien zum Engel des Herrn läutete, da mahnte Klemens Maria die Umstehenden und Schwestern zu beten: «Man läutet den Engel des Herrn!» Alle knieten nieder und beteten. Als man aufstand, bemerkte man, daß Klemens das Haupt zur Seite geneigt und seine Seele ausgehaucht hatte. Sein Leib ruht in der Kirche Maria am Gestade in Wien. Seine Heiligsprechung geschah im Marienmonat am 20. Mai 1909 durch Pius X.

Seit 700 Jahren ertönt die Aveglocke. So vertraut war dem Volk die Aveglocke, daß ihr Klingen auch weiterschwang in den Türmen, deren Hüter sich der Reformation ergeben hatten. Die Sichel, welche die hl. Notburga während des Aveläutens in die Luft warf und die schweben blieb, bis das Gebet vollendet war, möchte auch dem Menschen der Technik ein Symbol sein. Bischof Julius hat in der Würzburger Diözese den Engel des Herrn als Frucht des Marianischen Jahres wieder von neuem im Herzen des Frankenvolkes verankern wollen und hingewiesen auf die Bedrohung durch den Osten, gegen die schon die Einführung dieses Grußes von Anfang an abschirmen sollte. Nur durch Maria wird auch heute das Reich Christi zu uns kommen und uns erhalten bleiben.

Gebet des hl. Klemens zu Maria um eine gute Sterbestunde. O heiligste Jungfrau und Mutter Gottes, Maria! Du hast dem bitteren Leiden und Sterben deines lieben Sohnes beigewohnt. Verlaß mich nicht in der Stunde meines Todes, da ich die Gnade habe, dein Kind zu sein. Denn als du unter dem Kreuze standest und das Schwert des Schmerzes deine Seele durchbohrte, da hast du mich in der Person des hl. Johannes empfangen. So erinnere dich denn deiner betrübten Kinder. O Mutter der Barmherzigkeit, ich hoffe, du wirst mir in diesem meinem letzten Kampfe beistehen, damit ich durch deine mütterliche Fürbitte, in welche ich dir Leib und Seele, Leben und Sterben empfehle, alle meine Feinde überwinden möge. Amen.

DER SEL. HEINRICH SUSO

Um 1300 wurde in Konstanz am Bodensee ein Kind geboren, das für uns Deutsche ein Franziskus wurde und schon von der Wiege des Mutterherzens an ganz Marienkind war. Die Mutter war eine Seuse und selbst so recht ein Abbild Mariens, so daß der Knabe Mutterliebe und Marienliebe stets innig miteinander verband und sich selbst später immer nach dem Namen der Mutter Heinrich Seuse oder Heinrich Suso nannte. Sie bekannte ihm später, daß sie nie einer hl. Messe beigewohnt habe, ohne bitterlich zu weinen aus Mitleid mit der Marter des Herrn und seiner hl. Mutter. Mit 13 Jahren brachte ihn die Mutter schon in das Inselkloster des hl. Dominikus, wo er den größten Teil seines Lebens verbrachte.

Bis zum 40. Lebensjahr übte Heinrich Seuse eine unglaubliche Bußstrenge, um seinen wilden Mut zu bekämpfen, wie er sagte; aber auch um der Leiden Christi und seiner Mutter willen, die er an seinem Leibe mittragen wollte. Dann nahm ihn Gott in eine andere Leidensschule: Verlust seiner Ehre, Untreue seiner Freunde, selbst Verlassenheit von Gott war sein Anteil. Doch gelassen ertrug er alles und wurde dafür zuletzt mit einem tiefen Seelenfrieden beschenkt.

Schon als Kind brachte er der Himmelsmutter immer die ersten Blumen und schmückte die hohe königliche Frau und sagte ihr, daß sie die schönste Maienblume und seines Herzens Sommerfreude sei. Als er wieder einmal die Maienkönigin mit einem Kranz der ersten Blumen gekrönt hatte, erschien ihm die Gottesmutter. Er sah die Engel auf- und absteigen in lichtem Gewand und hörte einen himmlisch schönen Gesang zu Ehren Unserer Lieben Frau. Die Königin selbst schwebte über dem himmlischen Heer in Würde und Herrlichkeit. So hat der gottselige Seuse die Maiandacht vorausgespürt und vorausgeübt.

Als Dominikanermönch brachte er Unserer Lieben Frau sein reines Herz dar. Denken und Lieben stellte er in ihren Dienst, und Jubellieder sang er zu ihrem Preise. Öfter besuchte aber auch Maria ihren Diener in seiner Zelle. — Alle Menschen wollte er glücklich machen in Maria. Seinen Beichtkindern gab er immer den Rat, täglich neun Ave Maria zu beten. Das erste am Morgen kniend, um alle guten

Werke der Königin des Himmels in die Hände zu legen, damit sie diese Werke kostbar mache und dem himmlischen Vater darbringe. Das andere am Abend, damit Maria ihr Kind wieder mit Gott versöhne und alles gutmache, was es tagsüber versäumt habe. Die andern sieben Ave sollten sie über den Tag verteilt beten zum reinsten Herzen Mariä für die Bekehrung der Sünder und um eine gute Sterbestunde. Glücklich war Heinrich Seuse bei der täglichen Lichterprozession mit dem Salve Regina, das im Dominikanerorden täglich gesungen wird. Seinem liebenden Herzen war es ohne weiteres klar, daß alles Licht und alle Gnaden durch die Hände Mariens gehen.

Noch einen schönen Zug finden wir bei diesem deutschen Seligen. Er ehrte die Frauen um der Himmelsmutter willen. Einmal ging er über Feld und kam an einen schmalen Steg, der über eine große Pfütze führte. Da kam eine arme Frau, und Heinrich Seuse trat in die Pfütze, um auszuweichen. Da fragte die Frau: «Aber ehrwürdiger Vater, wie kommt es, daß Ihr mir Platz macht, da ich doch gern Euch ausgewichen wäre?» Heinrich antwortete: «Es ist meine Gewohnheit, allen Frauen Ehre zu erweisen um der zarten Gottesmutter willen.»

Wie müssen wir uns freuen, daß in deutschen Landen die ersten Ansätze der Maiandacht im frommen deutschen Gemüt entstanden sind! Wie viele wurden durch sie wieder mit Gott versöhnt und wieviel Ehre ist dabei unserer himmlischen Mutter schon zuteil geworden! Denken wir aber auch an jene, die in unser Herz die erste zarte Liebe zu Maria hineingelegt hat, an unsere leibliche Mutter! Es ist rührend, wie Heinrich Suso an seiner Mutter hing, die ihm auch in ihrer Todesstunde erschien und zu ihm sprach: «Heinrich, hab Gott lieb und getrau ihm wohl, in keiner Widerwärtigkeit verläßt er dich!» Und Heinrich hat dieses Trostwort der Mutter nicht vergessen. Was kann doch so ein Mutterwort im Herzen eines Kindes alles wirken! Die Mutter aber holt ihre Weisheit bei der Mutter vom Guten Rat.

Ohne diese Beziehung zu Maria steht aber auch alle Ehrung unserer Mütter und Frauen auf schwachem Fundament. Wir müssen wie der selige Heinrich in ihnen Schwestern der Gottesmutter sehen und unser Verhalten darnach einrichten. Frauen und Mädchen aber sollen wissen, daß sie nur verehrungswürdig sind, soweit sie die Reinheit, Frömmigkeit und Liebe der Gottesmutter widerspiegeln.

Gebet des sel. Heinrich Seuse. Eia, darum kehre her die Augen der Barmherzigkeit, die dein mildes Herz nie von einem Sünder, von einem trostlosen Menschen wegwendete. Nimm mich unter deinen Schirm, denn mein Trost und meine Zuversicht liegt an dir. Wie ist so manche sündige Seele, so sie Gott verleugnet und an Gott verzweifelt hatte, die sich aber an dich hing, so mildiglich aufgefangen worden, bis sie von Seiner Gnade wieder zu Gnaden kam. Auserwählte Königin, du bist doch der Gnaden Tor, des Erbarmens Pforte, die nie zugeschlossen war! Himmelreich und Erde mag zergehen, ehe daß du jemand, der es mit Ernst suchet, ungeholfen von dir gehen lassest. Ach, ewige Weisheit Jesus Christus, willst Du mir etwas versagen? Wie ich Dich Deinem ewigen Vater vorstelle, also stelle ich Dir Deine reine Mutter vor. Sieh an ihre milden Augen, die Dich so oft gütlich angesehen, sieh an die reinen Hände, die Dir gedient!

Minniglich zarte Frau, darum grüßen dich alle Herzen und loben dich alle Zungen, denn all das Gut, das das väterliche Herz geben wollte, das ist durch deine Hand geflossen. Du bist der Anfang und die Mitte, du sollst auch das Ende sein. Hilf mir, daß ich weder von deinem noch von Seinem fröhlichen Anblick je geschieden sei. Amen.

DER HL. PETRUS CANISIUS

Der rettende Engel, den Gott im 16. Jahrhundert seiner Kirche in unserem deutschen Vaterlande sandte, war Petrus Canisius. Durch Tugend und Gelehrsamkeit, Unterricht und Predigt, Bücher und Schriften hat er durch 50 lange Jahre wie kein anderer dazu beigetragen, das kirchliche Leben im katholischen Deutschland wiederherzustellen und sich so den Namen eines zweiten Apostels von Deutschland verdient.

Im Marienmonat, am 8. Mai 1521, am Niederrhein geboren, verlebte er eine reine Jugend und hatte schon als Jüngling das Gelübde der Jungfräulichkeit in die Hände Mariens abgelegt. Von Peter Faber als erster Deutscher in den Jesuitenorden aufgenommen, feierte er sein erstes hl. Meßopfer in der Marienkirche der Augustiner zu Köln. Der hl. Ignatius berief ihn selbst zur weiteren Ausbildung nach Rom, von wo er dann als Professor nach Ingolstadt und Wien geschickt wurde, das er vor dem Protestantismus rettete. Wenn Petrus Canisius in der «Marienkirche am Wege» in Rom seine Ordensgelübde ablegte, so liegt darin schon der Hinweis, daß er sich als Marienkind ihrem Dienst besonders verpflichtet fühlte, aber auch stets unter ihrem besonderen Schutz und Segen stand. Diese Profeß fand während des hl. Meßopfers statt, das der hl. Ignatius selbst feierte. Vom Altar blickte das Marienbild auf ihn herab, das jetzt in der Hauptkirche der Jesuiten in Rom als Gnadenbild verehrt wird. Gott ließ ihn seine Armseligkeit erkennen, lud ihn aber auch ein, ein neues Geschöpf zu sein. Petrus Canisius machte die Bemerkung: «Auch Maria segnete mich», was auf eine Erscheinung der Gottesmutter hinweist. Für sie arbeitete er ja jetzt vornehmlich, denn bei der neuen Lehre ging es auch um ihre Ehre. Sechs Jahre arbeitete er an einem wissenschaftlichen Werk «Über die unvergleichliche Jungfrau und Gottesgebärerin Maria». Es umfaßt 800 Seiten und behandelt ihr Vorleben in der Heilsgeschichte, ihr Leben, ihre Unbefleckte Empfängnis und stete Jungfräulichkeit, ihre Gnadenfülle und Aufnahme in den Himmel. Der Heilige durchwandert die Völker und Zeiten, er führt Kaiser und Könige an, die ihre Kronen vor ihr niederlegten, er vergißt auch nicht in sein Werk aufzunehmen, was Luther und die anderen Glaubensneuerer von Maria Schönes geschrieben haben. Ein Kardinal meint, es gäbe kaum jemand auf der Welt, der Maria mehr verherrlicht habe als Petrus Canisius.

Wie er durch dieses Werk den Predigern einen Goldschatz marianischer Gedanken auftat, so wußte er selbst in ungezählten Marienpredigten das Volk zur himmlischen Mutter zu führen. Rosenkranz und Lauretanische Litanei waren in Deutschland fast unbekannt oder in Vergessenheit geraten, Petrus Canisius machte sie dem deutschen Volke lieb. Auch die marianischen Wallfahrten empfahl er aufs wärmste und brachte sie wieder in Übung. Er selbst wallfahrtete nach Altötting, Loreto, Maria Einsiedeln.

Als um das Jahr 1576 in Köln die erste marianische Studentenkongregation gegründet wurde, nahm sich Petrus Canisius ihrer an und gründete dann selbst eine in Ingolstadt für Männer und Jünglinge und eine für Frauen in Freiburg in der Schweiz, die allen Stürmen der Zeit trotzten bis auf den heutigen Tag.

Der hl. Rosenkranz war sein Lieblingsgebet in den langen Krankheitstagen des Jahres 1597, und noch im Sterben betete er ihn, bis er plötzlich auf eine Stelle des Zimmers hinwies und mit heiterer Miene sagte: «Seht ihr sie, seht ihr sie?» Niemandem war es zweifelhaft, daß er Maria sah, die ihren treuen Diener hinübergeleitete. Es war der 21. Dezember 1597. In der Liebfrauenkirche zu Freiburg in der Schweiz liegt er begraben, und am 21. Mai des Jahres 1925 wurde er heiliggesprochen und zum Kirchenlehrer erhoben, denn neben seinem großen Werk über Maria war es vor allem sein Katechismus, der erste deutsche Katechismus, der einem Großteil von Deutschland den Glauben rettete.

Wenn wir treu am Rosenkranz festhalten und die Lauretanische Litanei beten und gern zu den Mariengnadenorten wallen, dann ist das auch ein Erbe vom hl. Petrus Canisius. Sowohl die Lauretanische Litanei wie der zweite Teil des Ave Maria waren vorher bei uns fast unbekannt. Wir bitten den Heiligen, daß er durch die Ausbreitung des marianischen Reiches auch das Reich Christi in unserem Vaterlande weiter festige und daß die Irrenden immer mehr zur Einheit der Kirche zurückgeführt werden. Amen.

Gebet des hl. Petrus Canisius zu Maria. Sei gegrüßt, o allerreinste Jung-frau Maria, du würdigste Mutter Gottes, voll der Gnade, über alle Geschöpfe hinaus gebenedeit. Sei gegrüßt du Königin und Zierde des Himmels, du Erwartung der Patriarchen und Propheten, du Lehrmeisterin der Apostel, du Jungfrau über alle Jungfrauen! Aus dir, o Heilige, wollte der ewige König des Himmels, der Abglanz der Herrlichkeit, Jesus Christus, geboren werden. Du hast ihn in Windeln gewickelt, auf deinen Armen getragen, auf deinem Schoß gehalten, ihn zärtlich geküßt und umfangen. Du hast aus seinem Munde die Worte des Lebens gehört, hast ihn am Kreuze mit unsäglichen Schmerzen hängen sehen, du bist Zeugin seiner glorreichen Auferstehung und Himmelfahrt gewesen! Sei gegrüßt, o allerreinste Jungfrau Maria, die du den Heiland unserer Seelen geboren hast! Nun bitte ich armer, unwürdiger Sünder, vergiß meiner nicht in diesem Jammertale. Komme mir durch deine mütterliche, gnädige Fürbitte zu Hilfe und empfiehl mich der höchsten, göttlichen Majestät! Wohlan, du meine besondere Fürsprecherin, wende deine barmherzigen Augen auf mich. Erwirke mir, daß ich volle Verzeihung meiner Sünden erlange, mich selbst verleugne und mir gänzlich absterbe. Erflehe mir ein reines, demütiges, gottesfürchtiges Herz, das von der Liebe deines Sohnes verwundet ist. Erlange mir Losschälung vom Irdischen und Freiheit des Geistes, damit unser Herr Jesus Christus Freude an mir habe. Ich ver-ehre dich, ich rufe dich an, und zur Vermehrung deiner Freude opfere ich dir auf alle Gesinnung der Liebe, die dein Sohn für dich hegte. Ich bitte dich, sei mir eine gütige Helferin und Trösterin, solange ich lebe, und besonders in der Stunde meines Todes. Amen.

Lasset uns beten! O Gott, Du hast den hl. Petrus Canisius zum Schutz des katholischen Glaubens mit Tugend und Wissenschaft und einer innigen Liebe zu Maria ausgestattet, verleihe gnädig, daß durch seine Beispiele und Ermah-nungen die Irrgläubigen zum Heiland zurückkehren und die Rechtgläubigen im Bekenntnis der Wahrheit verharren. Durch Christus unsern Herrn. Amen.

DER SEL. EDMUND CAMPION

Heute, am Fest des hl. Augustinus, des Apostels von England, wollen wir eines Marienverehrers gedenken, der aus der anglikanischen Kirche zur Mutterkirche zurückgekehrt ist; es ist Edmund Campion. Es war am 26. Mai 1571 als dieser anglikanische Diakon Zeuge des Märtyrertodes eines katholischen Rechtsgelehrten war. Die Art, wie dieser Mann für seinen Glauben starb, machte einen so tiefen Eindruck auf den äußerst begabten Jüngling, daß er beschloß, seine Kirche zu verlassen und katholischer Priester zu werden, um den bedrängten Katholiken seiner Heimat helfen zu können. Wegen seiner glänzenden Begabung war er ein Günstling der Königin Elisabeth und hatte den Suprematseid geleistet. Dadurch erkannte er der Königin die höchste geistliche Würde zu und erklärte damit seinen Abfall von Rom. Mit bitteren Tränen bereute er sein Leben lang diese Sünde, die aber auch der Wendepunkt in seinem Leben werden sollte.

Zu Fuß zog er als Büßer über die schneebedeckten Alpen nach Rom, nachdem er in Flandern in die katholische Kirche aufgenommen worden war. In Rom lernte er den Orden der Gesellschaft Jesu kennen und bat um Aufnahme. Zum Priester geweiht, wurde er von seinem Orden nach Prag geschickt, wo er als hinreißender Prediger wirkte, so daß auch der Kaiser oft Zuhörer war und Wunder der Bekehrung geschahen. Sein ganzes Tun war belebt von einer innigen Marienverehrung. Er gründete die erste marianische Kongregation in Prag, verfaßte ihre Regeln und erreichte ihre Anerkennung durch den Hl. Vater, der ihr reiche Ablässe verlieh. Diese Kongregationen trugen viel dazu bei, daß der neue Glaube sich nicht durchsetzen konnte.

Nun kam 1580 die Gelegenheit, die er als Jugendlicher ersehnt hatte: mitzuwirken an der Bekehrung seiner Landsleute und den katholischen Glaubensbrüdern in England zu helfen. Nachdem sich Edmund den Segen des Hl. Vaters und des hl. Philipp Neri in Rom erbeten hatte, gelang die Überfahrt nach England. Die Katholiken freuten sich, die Königin wütete. Viele Abgefallene kehrten auf seine Tätigkeit hin zur Kirche zurück, und die Katholiken wurden in ihrem Glauben bestärkt. Beinahe alle Grafschaften besuchte Edmund. Auf den Edelsitzen, die noch zahlreiche Katholiken bargen, hielt er Gottesdienst. Da wurde er eines Tages verraten und gebunden nach London ins Staatsgefängnis gebracht. Erst versuchte man durch glänzende Versprechungen Edmund zum Abfall zu bringen, dann durch grausame Torturen. Als er durch die Qualen ganz entkräftet war, zwang man ihn zu einer öffentlichen Disputation, bei der man ein leichtes Spiel mit ihm zu haben glaubte. Aber selbst da war der Erfolg auf seiner Seite, so daß ein Graf sich bekehrte, der bald darauf als Märtyrer für seinen Glauben starb. Auch Edmund sollte diese Ehre beschieden sein, die ihm Maria bereits im Noviziatshaus vorausgesagt hatte. Ohne Zweifel dachte er an diese Stunde, als er auf der Verbrecherschleife aus dem Tower durch das Stadttor hinausgeschleppt wurde, über dem sich von alters her ein Marienbild befand, das er als Knabe immer gegrüßt hatte. Nachdem Edmund noch eine Ansprache an das Volk gerichtet hatte, wurde ihm Maria Pforte des Himmels, denn er wurde um des katholischen Glaubens willen gehängt und dann geviertelt. Ein Augenzeuge, damals selbst noch Protestant, meinte, daß sich dabei wohl an die zehntausend Zuschauer zum katholischen Glauben bekehrt hätten. Auf ihn selbst war das Blut des Märtyrers gespritzt, und das betrachtete er als Mahnung, daß er katholisch werden müsse. Auch er starb als Jesuitenmärtyrer. Am 28. Mai starben weitere drei Priester, am 30. Mai nochmals vier: Leo XIII. hat sie als Selige anerkannt.

Die marianische Kongregation, die 1563 von Rom ihren Ausgang genommen hatte und von Edmund so gefördert und verbreitet wurde, hat schon Millionen Katholiken um das Banner Mariens geschart, ihre Unschuld behütet und zu ähnlichen Heldentaten befähigt wie den seligen Edmund Campion. Möge der Selige mit seinen Gefährten England die Gnade der Rückkehr zum katholischen Glauben unter dem Schutze der Gottesmutter erflehen, uns alle aber mit seinen Worten sprechen lassen: «Ich lebe und leide und sterbe katholisch! Amen.»

Weihegebet der marianischen Kongregation (vom hl. Petrus Canisius). Heilige Maria, Mutter Gottes und Jungfrau! Ich erwähle dich heute zu meiner Gebieterin, Beschützerin und Fürsprecherin und nehme mir fest vor, dich nie zu verlassen und weder selbst je etwas gegen dich zu sagen noch zu tun noch zuzulassen, daß je etwas gegen deine Ehre geschieht. Ich bitte dich, nimm mich zu deinem ewigen Diener an und stehe mir bei in allen meinen Gefahren und verlasse mich nicht in der Stunde meines Todes. Amen.

HL. MARIA MAGDALENA VON PAZZIS

Heute feiern wir das Fest der hl. Magdalena von Pazzis. Von adeligen Eltern geboren, erhielt sie in der hl. Taufe den Namen der hl. Katharina von Siena. Ihre Profeß im Karmelitenkloster war am 27. Mai 1584 und seit dieser Zeit trug sie den Namen Maria Magdalena, die sie als treueste Schülerin Jesu Christi und als vollkommenes Vorbild reuiger Seelen verehrte. Schon als Kind zeigte sie eine große Neigung zur Frömmigkeit, Abtötung und Buße. Für Jesus leiden zu können machte sie glücklich. Sie flocht sich einen Kranz aus Binsen und Dornen und setzte ihn sich auf, um dem göttlichen Heiland ähnlich zu sein. Groß war ihre Andacht zum heiligsten Sakrament und zu Maria. Das war auch der Grund, warum sie sich schon im Alter von 16 Jahren um Aufnahme bei den Karmelitinnen bewarb, bei denen man nicht nur Maria innig verehrte, sondern damals schon beinahe täglich die hl. Kommunion empfing. Fünf Jahre begnügte sie sich mit Wasser und Brot, aber fünf Jahre lang mußte sie auch die schrecklichsten Leiden und Versuchungen erfahren. Nur im Hinblick auf das Kreuz und die seligste Jungfrau konnte sie in Demut und Gehorsam aushalten. Ihr Lieblingswort war: Leiden, nicht sterben! — Oft ergriff sie das Kreuz, küßte es und rief aus: «O Liebe, warum wirst du nicht geliebt, warum von den eigenen Geschöpfen nicht erkannt?» Dieser Liebe zu Gott entquoll die unermüdliche Tätigkeit, die sie in ihrem Orden entfaltete. Öfter sagte sie, die Werke der Liebe seien allen Ekstasen und Offenbarungen weit vorzuziehen, denn diese seien ein reines Geschenk Gottes, durch Liebeswerke aber unterstütze man Gott selber.

Jede Stunde, ja jede Minute blickte sie zu Maria auf. Als Gott ihr Leiden und Drangsale ankündigte, fügte er hinzu: «Die Mutter Meines Sohnes wird dich trösten.» Ihr wurde auch ein Blick in den Himmel gestattet, und sie berichtet darüber: «Ich sah den Himmel — aber Maria fehlte noch. Da schien es mir, als sei der Allerhöchste selber von seiner Herrlichkeit nicht voll befriedigt. Denn Gottes Wonne ist es, sich den Geschöpfen mitzuteilen. Erst als Maria anlangte, die Reine, vollauf Gewürdigte, war jemand da, die Herrlichkeit Gottes ganz in sich aufzunehmen.» Wenn Maria Magdalena über die Geheimnisse des Erlösers nachdachte, betrachtete sie stets auch den Anteil, den Maria an diesen Geheimnissen genommen und wie sehr sie an ihrer Vollbringung mitgewirkt hatte. So strömten die Gefühle der Liebe und Dankbarkeit, die sie gegen Jesus hatte, von selbst auf Maria über. Öfter erschien ihr die Himmelskönigin, um sie zu trösten und zum Guten zu ermuntern. Ihre Liebe zu Maria zeigte sich am deutlichsten an den Feiertagen, die ihrer Verehrung geweiht sind. Mit Andacht und Eifer bereitete sie sich darauf vor, mit Sammlung und Inbrunst brachte sie diese Tage zu. Es waren für sie wirklich Festtage. Dieser Eifer wurde oft dadurch belohnt, daß ihr Gott die Gnade schenkte, an diesen Tagen die Glorie Mariens zu schauen. Auch ihr Leidensmut war eine Frucht ihrer Liebe zu Maria, der Königin der Märtyrer. Am 25. Mai 1607 entfloh ihre reine Seele zu Gott. Ihr unverwester Leib ist noch heute in einem kostbaren Kristallsarg der Karmelitinnenkirche zu Florenz zu sehen.

Es bleibt nicht immer Mai in unserem Leben, und Marienverehrung schützt nicht gegen Krankheit und Herzeleid, Kummer und Sorgen. Gott zeigt seine Liebe zu uns nicht durch Rosen, sondern durch Dornen, und wen Maria liebt, den wird sie mit unter das Kreuz führen. Dazu sollen uns die Gnadenstunden am Maialtar stärken. Wie Gott der hl. Maria Magdalena es verhieß, so sagt er auch uns: «Leiden und Drangsale warten auf dich, aber die Mutter Meines Sohnes wird dich trösten.»

Lasset uns beten! Ich liebe dich innig, gütige Mutter Maria! Dennoch ist es so wenig. Du lehrst mich, was ich wissen muß; du zeigst mir, was Jesus für mich ist und was ich für ihn sein sollte. Vielgeliebte Mutter, wie mußt du Gott nahe und ganz von ihm erfüllt sein! In dem Maße, in dem wir Gott erkennen, denken wir an dich. Mutter des Herrn, erbitte mir die Gnade, meinen Jesus zu lieben und dich zu lieben. Amen.

O Gott, Du Liebhaber der jungfräulichen Seelen, Du hast die hl. Jungfrau Maria Magdalena mit Deiner Liebe entflammt und mit himmlischen Gaben geschmückt. Gib, daß wir diese Heilige, die wir durch unsere festliche Feier verehren, in ihrer Reinheit und Liebe nachahmen. Durch Christus unsern Herrn. Amen.

DER HL. FERDINAND

Held und Heiliger auf dem Königsthron, nicht allzuoft bietet die Geschichte solch erhebenden Anblick. Macht ist eine große Gefahr. Und doch sagt der hl. Paulus: «Alle Macht kommt von Gott!» Darum ist die Macht gut, wenn man sich der Verantwortung bewußt ist, sie recht zu gebrauchen. Das 13. Jahrhundert sah gleich zwei Heilige auf dem Königsthron: Ludwig IX. von Frankreich und Ferdinand III. von Kastilien. Ihre Mütter waren Schwestern, und von ihnen hatten sie den ausgeprägten Gerechtigkeitssinn und die Schwungkraft der Seele für alles Hohe vererbt bekommen, aber auch ihre Energie in der Ausübung ihrer gottgegebenen Sendung.

Vom 8. bis zum 13. Jahrhundert bot Spanien ein Bild heroischer Kämpfe gegen die Mauren. Trotzdem wehte schließlich der Halbmond über ganz Spanien, mit Ausnahme der nördlichen Gebirgsgegenden. Erst dem energischen Ferdinand, der mit 18 Jahren zur Regierung gelangt war, glückte es in 26 siegreichen Kriegsjahren, den Halbmond bis auf Granada und Gibraltar zurückzudrängen. Ein Jubel ohnegleichen erfüllte die Christenheit. Ferdinand blieb demütig, denn seine einzige Absicht bei all seinen Feldzügen war die Sicherung des katholischen Glaubens. Auch im Feld hielt er die Fasten und verbrachte die Nächte vor dem Kampf in innigem Gebet zur Siegerin in allen Schlachten Gottes. Als Kampfzeichen ließ er ein Bild Mariens im Lager aufstellen, auch er selbst trug ein Muttergottesbild auf der Brust. Die Kriegsbeute wurde zum Bau der Hauptkirche von Toledo verwendet, und die schönsten Moscheen wandelte er in Marienkirchen um. Nach der Eroberung von Sevilla ließ er das Bild Mariens in feierlichem Triumphzug in den Dom übertragen; denn sie betrachtete er als die eigentliche Siegerin, welcher der Platz auf dem Triumphwagen gebühre, während er zu Fuß neben dem Wagen einherging. Der sarazenische General, der 1249 die Stadt an Ferdinand verlor, bestätigte diese Meinung, wenn er sagte: «Eine so feste und volkreiche Stadt konnte nur ein Heiliger mit so wenig Soldaten einnehmen. Es kann nur die Folge der Ratschlüsse des Himmels sein, daß diese Stadt für uns verlorenging.»

Als man Ferdinand empfahl, zur Deckung der Kriegskosten höhere

Steuern zu erheben und Kirchenschätze heranzuziehen, sprach er das große Wort: «Was die Kirchen anlangt, so verlange ich von ihnen nicht Gold und Silber, sondern allein das Gebet. Was meine Untertanen betrifft, so fürchte ich den Unwillen eines alten Mütterchens mehr als alle Kriegsheere der Feinde.»

Viel zu früh starb der fromme Fürst in der Kutte der Franziskaner am 30. Mai 1252, nachdem er seine Kinder der Gottesmutter geweiht, sein Land zu einem Marienland gemacht und damit die besten Grundlagen für jene katholische Tradition geschaffen hatte, die dem Lande bis heute zum Segen gereichten.

Im Kleinen wie im Großen ist Ferdinand ein herrliches Vorbild für den Verehrer Mariens. Kindlich fromm und treu, trägt er stets ein Zeichen seiner Liebe zu ihr bei sich: ein Bild, eine Medaille oder das Skapulier. Sein letztes Ziel ist das Reich Gottes auf Erden in seinem Herzen und in der Welt; für dieses Reich opfert er und kämpft er, dieses Reich will er herbeiführen durch das Königtum Mariä. Weihen auch wir unser Herz, unser Land der Gottesmutter, und helfen wir dazu, daß das Bayernland und Frankenland ein Marienland bleibe. Erneuern wir die Bildstöcke und geben wir der Gottesmutter auch an den neuen Häusern einen Platz, denn so hinterlassen wir den kommenden Geschlechtern ein reiches Erbe.

Lasset uns beten! Mutter der Barmherzigkeit, du Hilfe der Christen, du warst ein getreues Werkzeug der göttlichen Vorsehung. Du bist die Verwalterin aller Gnaden. Denke daran, es ist auf Erden unerhört, daß du die ohne Trost gelassen, die in Demut zu dir ihre Zuflucht nahmen. Darum vertraue ich auf dein inniges Erbarmen und dein gütiges Walten. Ich werfe mich in Demut vor dir nieder, auf daß du mein Gebet erhörest. Erbitte mir den Schutz der göttlichen Vorsehung, alle Gnaden, die mir notwendig sind in meinen geistigen und leiblichen Nöten.

Deinem liebevollen Mutterherzen empfehle ich dringend die heilige Kirche, den Papst, die Bekehrung der Sünder, die Ausbreitung des katholischen Glaubens sowie die Seelen, die der Herr sich erwählt, die aber noch leiden müssen in den heißen Flammen des Fegfeuers, daß sie bald Trost und ewige Erquickung finden. Amen.

DIE HL. MARGARETA MARIA

Wir sind am Schluß des Maimonats angelangt, und die Glocken, die den Mai ausläuten, läuten zugleich den Herz-Jesu-Monat Juni ein. Es ist das nicht einfach ein Zufall, sondern innerstes Heilsgesetz: durch Maria zu Jesus. Und wenn wir die Weihe an die Königin des Himmels und der Erde erneuern, dann wollen wir uns durch Maria dem Herzen Jesu überantworten, von dem wir beten: Herz Jesu, im Schoße der jungfräulichen Mutter vom Hl. Geiste gebildet, erbarme dich unser!

So sind denn auch alle Huldigungen an Maria, die wir in diesem Monat aus dem Munde und dem Leben der Heiligen vernommen haben, ein Preisgesang auf das Herz dessen, der das menschliche Herz so gut kennt und es durch die Mutter zum Sohne führen will.

Das zeigt sich auch im Leben jener Heiligen, deren Namen mit der Einführung der Herz-Jesu-Andacht innig verbunden ist, der hl. Margareta Maria Alacoque. Um die Zeit, da der 30jährige Krieg zu Ende ging, wurde sie in einem burgundischen Dorfe geboren. Vier Jahre lang lag sie als Kind schon gelähmt da, und die Ärzte wußten sich keinen Rat. In seiner Not wandte sich das Mädchen vertrauensvoll an «das Heil der Kranken» und gelobte, eine ihrer Töchter zu werden und sich dem Dienste Gottes zu weihen, wenn sie wieder gesund würde. Maria nahm ihr Gelöbnis an und heilte sie. Ein Taumel der Freude erfaßte Margareta, und man kann es verstehen, daß die nach langem Siechtum Geheilte zunächst einmal das Leben kosten wollte. Aber ihr Gelübde hatte sie nicht vergessen. Wenn sie in stundenlangen Zwiegesprächen mit dem Heiland verharrte, dann bat sie die Gottesmutter, ihr doch zu helfen, sich von der Welt zu lösen, und ihr die Kraft zu geben, ganz Magd des Herrn zu werden. Und schließlich führte sie die Jungfrau der Jungfrauen in den Orden der Heimsuchung Mariä. Hier folgte nun bald Offenbarung auf Offenbarung, in denen ihr der Herr die Geheimnisse und Wünsche seines Herzens enthüllte. Der Inhalt der Botschaft war kurz: Jesus Christus wolle der Welt in diesen letzten Zeiten noch den äußersten Beweis seiner Liebe schenken in seinem heiligen Herzen, dessen Gnade und Barmherzigkeit er ausströmen lassen wolle über alle, die dieses sein Herz verehrten.

Eine überstrenge Richtung in der Kirche hatte den Gläubigen den Zutritt zur heiligen Eucharistie erschwert und gerade dadurch nur um so mehr Lauheit und Gleichgültigkeit im religiösen und sittlichen Leben herbeigeführt. Jetzt sollten wieder die Gnaden des Erlösers reichlich fließen, und große Verheißungen wurden für die in Aussicht gestellt, die wenigstens am ersten Freitag im Monat die hl. Sakramente empfingen und das Herz Jesu verehrten. Es ist unvorstellbar, was die demütige und gehorsame Ordensfrau an Spott und Leid gelitten hat, als sie daranging, diese Offenbarungen bekanntzumachen. Aber auch hier war es Maria, die ihr Mut machte und sie in ihrem Sendungsbewußtsein stärkte.

Am Fest Mariä Heimsuchung 1688 war es auch, als Margareta jene großartige Vision hatte, die ihr Jesus auf einem Feuerthron zeigte, der in einer weiten Landschaft aufgestellt war. Sein Herz glänzte wie die Sonne. Auf der einen Seite des Herrn stand die Mutter Christi, auf der anderen ihr heiliger Ordensstifter, der hl. Franz von Sales und ihr Seelenführer, der vor sieben Jahren verstorben war. Da wandte sich Maria an diesen Jesuitenpriester und sprach: «Dir, dem treuen Diener meines Sohnes, ist ein großer Anteil an diesem Schatz gegeben. Wenn den Töchtern von der Heimsuchung anvertraut ist, dieses Herz den Menschen bekannt zu machen und es lieben zu lernen, so wird den Vätern deines Ordens der Auftrag erteilt, allen die Kraft und den Nutzen dieses Schatzes zu zeigen.» In der Tat war es auch der Jesuitenorden, der unter dem Schutz der seligsten Jungfrau steht, der die Herz-Jesu-Andacht weitertragen durfte, bis sie durch die Kirche anerkannt und Gemeingut aller Gläubigen wurde.

Verzehrt von der Liebe zu Gott und vom Verlangen, zu ihm zu kommen, starb Margareta nach kurzer Krankheit, erst 43 Jahre alt, am Morgen des 17. Oktober 1690. Was sie einst gesagt, hat sie selbst erfahren: «O wie süß ist es zu sterben, wenn man voll treuer Andacht zum Herzen dessen war, der uns richten soll.»

Die Triumphe der Herz-Jesu-Andacht erlebte die Heilige im Himmel, aber auch auf Erden hat Gott sie selbst verherrlicht. Am 13. Mai 1920 hat sie Papst Benedikt XV. unter Teilnahme von 300 Bischöfen und 60 000 Gläubigen aus der ganzen Welt feierlich heiliggesprochen. Unmittelbar neben dem Hochaltar ihres Heimsuchungsklosters Parayle-Monial steht der goldstrahlende, mit Edelsteinen geschmückte Schrein, der die Überreste der demütigen Heiligen umschließt.

Wenn aber so oft die Heiligsprechungen der Seligen Gottes im Monat Mai stattfanden, dann dürfen wir darin einen Hinweis darauf sehen, welchen Weg diese Seligen auf Erden gegangen sind, eine ı Weg, der sie zur Heiligkeit und zu Christus führte: Maria, die Mutter des Herrn, war ihre Führerin und Hilfe.

So wollen wir denn heute von Maria, gleichsam als Dank für unsere Treue in diesem Monat, auch keinen andern Dank von ihr als den, daß wir Apostel der Herz-Jesu- und Herz-Mariä-Verehrung werden dürfen und daß auch uns einst eine ähnliche Vision beschieden sei in unserer letzten Stunde, wenn wir beten: Versöhne uns mit deinem Sohne, empfiehl uns deinem Sohne, stelle uns vor deinem Sohne!

Alle Marienverehrung geht auf Christus zurück, nicht nur als Hinführung zu Christus, sondern auch als geheimnisvolles Aufleuchten der Marienliebe Christi in den Herzen der Gläubigen. Sie ist letzten Endes ein Akkord aus jenem himmlischen Jubel Gottes über die Schönheit seines Gnadenkindes Maria, das irdische Nachklingen jener Liebe, Dankbarkeit und Sorge, welche die Heiligste Dreifaltigkeit für Maria hegt von Ewigkeit zu Ewigkeit. Amen.

Lasset uns beten! Heilige Margareta Maria, dir schenkte das heilige Herz Jesu Anteil an seinen göttlichen Gnadenschätzen. Wir flehen zu dir: Erwirke uns von diesem anbetungswürdigen Herzen die Gnaden, die uns notwendig sind! Mit unbegrenztem Vertrauen bitten wir dich darum. Auf deine Fürbitte hin möge das göttliche Herz sie uns gewähren und so durch dich aufs neue verherrlicht und geliebt werden. Amen.

Bitte für uns, heilige Margareta! Auf daß wir würdig werden der Verheißungen Christi.

Lasset uns beten! Herr Jesus Christus, Du hast auf wunderbare Weise der heiligen Jungfrau Margareta Maria die unergründlichen Reichtümer Deines Herzens enthüllt. Gib, daß wir durch ihre Verdienste und Nachahmung Dich in allem und über alles lieben und immerdar in Deinem Herzen wohnen dürfen, der Du lebst und herrschest in Ewigkeit. Amen.

ORDENSSTIFTER

DER HL. BERNHARD VON CLAIRVAUX

Neubegründer des Zisterzienserordens

Im Leben unserer hl. Kirche spielen die verschiedenen geistlichen Orden eine bedeutende Rolle. Der Hl. Geist erweckt immer wieder solche Menschen, die dem inneren oder äußeren Wachstum der Kirche neuen Auftrieb geben. Daß dabei auch die Braut des Hl. Geistes ihre besondere mütterliche Hilfe und Fürbitte nicht versagt, zeigt sich im Leben fast eines jeden Ordensstifters. Es gibt daher auch kaum einen Orden, der nicht in besonderer Weise Maria verehren und diese Verehrung verbreiten würde. So sollen uns in diesem Monat die großen marianischen Orden und Ordensstifter begegnen, deren Chorführer der hl. Bernhard von Clairvaux ist. Er ist der größte Sohn des Zisterzienserordens und sein Reformator, der so treffend als der «Augenstern Unserer Lieben Frau» bezeichnet wird. Er hat das heilige Gewohnheitsrecht geschaffen, daß alle Kirchen des Ordens Unserer Lieben Frau geweiht werden, ihm verdankt der Orden eine unglaublich rasch ansteigende Blüte und Ausbreitung, mit der zugleich eine Welle innigster Marienverehrung über die Welt ausgegossen wurde.

Aus einem adeligen Geschlecht geboren (1092), trat er mit 21 Jahren in das vom hl. Robert neu gegründete Kloster von Citeaux, das wegen der Strenge der Regel keinen Nachwuchs hatte und zum Aussterben verurteilt schien. Wegen seines Entschlusses hatte Bernhard schwere Anfechtungen zu leiden, aber er wußte sie nicht nur zu überwinden, sondern führte nach und nach dreißig edle Jünglinge, auch etliche seiner Brüder, zum gleichen Ideal. Alle blieben sie treu und zogen wieder andere an sich, so daß Bernhard der Erneuerer der Zisterzienserfamilie genannt werden kann.

Tag und Nacht in Gebet und Betrachtung versunken, eignete er sich eine umfassende Kenntnis der Hl. Schrift an und jene Salbung der Sprache, die später alle Zuhörer entzückte. Wenn es ihm schwer wurde und er mutlos werden wollte, fragte er sich nur: «Bernhard, wozu bist du gekommen?» Er gründete bald ein neues Kloster in Clairvaux, das zuletzt 67 Mönche zählte. Dazu kamen im Lauf der Jahre 67 Neugründungen, darunter auch Kloster Ebrach im Jahre 1128, das damals zu Würzburg gehörte.

Als er den zweiten Kreuzzug predigte, glich seine Reise einem wahren Triumphzug, aber Dornenkrone und Kreuz waren sein Anteil, als der Kreuzzug mißlungen war. «Es ist gut so», sagte er. «Es ist mir ein Ruhm, Leidensgenosse Christi zu sein.» Bei den Völkerschaften Frankreichs und Deutschlands galt er als Apostel; Fürsten, Päpste und Bischöfe folgten seinem Rat. Die Liebe zu den Seelen hatte ihn angetrieben, immer wieder ins Weltgeschehen einzugreifen und der Kirche zu Hilfe zu kommen, die zu verweltlichen drohte. Von Gram und Krankheit, Arbeit und Askese aufgerieben, starb er am 20. August 1155 im Alter von 63 Jahren. Vor dem Altar der Gottesmutter wurde er begraben.

Schon in seiner ersten Jugend erschien ihm Maria einmal mit ihrem göttlichen Kinde in einer Christnacht und enthüllte ihm das große Geheimnis der Geburt ihres Sohnes. Auch in einer Krankheit, die von den Ärzten als unheilbar erklärt wurde, zeigte sich ihm die Gottesmutter, legte ihm die Hand auf und gab ihm augenblicklich die volle Gesundheit wieder. Wie er als Knabe an seiner Mutter gehangen hatte, so betete er nun innig zur Mutter Gottes. Von Maria konnte er nicht genug sprechen. Keine Predigt, kein Werk geschah ohne den begeisterten Lobpreis auf Maria.

Als Bernhard an der Seite Kaiser Konrads III. in den Mariendom von Speyer einzog, wurde vom Chor das Salve Regina gesungen. Da wurde der Heilige ganz von Marienliebe überwältigt und, am Altar der Gottesmutter mit dem Kaiser angekommen, fügte er dem Salve Regina die Schlußworte hinzu, die er dreimal wiederholte und die wir heute noch sprechen: O clemens, o pia, o dulcis virgo Maria! O gütige, o milde, o süße Jungfrau Maria!

Zu seinen schönsten Worten gehören jene, mit denen er Maria mit dem Meeresstern vergleicht. «Nimm hinweg diesen Meeresstern vom großen und weiten Ozean des Lebens, was bleibt übrig als Finsternis und Todesschatten? Darum laßt uns mit unserem ganzen Gemüte Maria verehren, denn so ist es der Wille desjenigen, der will, daß wir alles durch Maria haben sollen. Wenn die Stürme der Leidenschaften sich erheben, wenn du auf die Klippen der Trübsal stößt, schau empor zum Stern, rufe Maria an! Wirst du von den Wogen des Stolzes, des

Ehrgeizes umhergeworfen, dann schau zum Stern empor, rufe Maria an! Denke an sie, wenn die Schrecken des Gerichtes dich erfassen, wenn der Abgrund der Verzweiflung dich verschlingen will. In aller Gefahr, in aller Bedrängnis, rufe Maria an! Nie weiche sie aus deinem Munde, nie aus deinem Herzen! Folgst du ihr, irrst du nicht ab vom rechten Weg. Bittest du sie, brauchst du nicht verzweifeln. Denkst du an sie, wirst du nicht enttäuscht. Hält sie dich, dann fällst du nicht. Schützt sie dich, dann bist du sicher. Führt sie dich, dann ermüdest du nicht. Ist sie dir gnädig, dann gelangst du sicher ans Ziel.»

Wir sprechen das Memorare des hl. Bernhard von Clairvaux. Gedenke, o gütige Jungfrau Maria, von Ewigkeit her ist es unerhört, daß einer, der zu dir seine Zuflucht genommen, deine Hilfe angerufen, um deine Fürsprache gebeten, von dir sei verlassen worden. Von diesem Vertrauen beseelt, eile ich zu dir, Jungfrau der Jungfrauen und Mutter. Zu dir komme ich, vor dir stehe ich seufzend als Sünder. Verschmähe nicht meine Worte, du Mutter des Wortes, sondern höre sie gnädig an und erhöre mich. Amen.

DER HL. FRANZ VON ASSISI

Stifter des Franziskanerordens

Das 13. Jahrhundert war der Höhepunkt des mittelalterlichen Glanzes der Kirche. Aber gerade damals hatte das religiöse Leben Schaden gelitten. Eine heiße Gier nach Geld und Reichtum hatte die Menschen erfaßt. Dagegen entstanden einige religiöse Bewegungen, die jedoch schließlich zur Empörung gegen die Kirche führten. Diese Armutsbewegung zum Segen der Kirche in die rechte Bahn zu lenken, war der reiche Kaufmannssohn Franz von Assisi ausersehen.

Lange wehrte er sich gegen die innere Stimme, die ihn zu Höherem rief. Aber als er einmal in einem halb verfallenen Kirchlein betete, vernahm er die Worte: «Franz, stelle mein verfallenes Haus wieder her!» Franziskus nahm diese Aufforderung wörtlich und richtete die kleine Marienkirche, die heute unter dem Namen Portiunkula bekannt ist, mit eigenen Kräften wieder auf, wie er nun überhaupt zahlreiche andere Marienkirchen und Kapellen wiederherstellte.

Dort in der Marienkirche Portiunkula spielten sich nun die großen inneren Erlebnisse des Heiligen ab. Hier vernahm er die Worte des Evangeliums, die ihn zu äußerster Armut drängten. Hier vor dem Bilde der seligsten Jungfrau entsagte auch seine geistliche Tochter Klara der Welt. Hierher ließ er sich noch tragen in der Sterbestunde.

Als Franziskus nach der Einprägung der Wundmale auf dem Berge Alverna Abschied nahm von diesem Kirchlein, empfahl er der Gottesmutter seine geistlichen Söhne: «Leb wohl, Sankta Maria – Kirche, dir, der Mutter des Ewigen Wortes, empfehle ich diese meine Söhne!»

Ganz plötzlich konnte die treue Liebe zu Maria dem zartfühlenden Heiligen ans Herz greifen. So war es, als er zur Weihnachtszeit mit seinen Brüdern zu Tische saß und einer davon sprach, wie schmerzlich es für Maria wohl gewesen sei, in einem Stall das Gotteskind auf die Welt bringen zu müssen. Da brach Franz in Tränen aus und setzte sich auf den Boden, um es nicht besser zu haben als Maria.

Jeden Samstag ließ er in der Kirche «Maria zu den Engeln» eine hl. Messe zu Ehren der unbefleckten Jungfrau lesen und weihte seinen jungen Orden ihrem besonderen Schutz. Oftmals forderte er die Seinen auf, daß sie in ihren Predigten und Gesprächen vor allem die Herrlichkeiten und Vorzüge Mariens verkünden sollten. Kurz vor seinem Tode ermahnte er seine Ordensbrüder, Portiunkula als Ordensniederlassung nie aufzugeben. Damit wollte er den Seinen die Marienverehrung gleichsam als unveräußerliches Erbgut hinterlassen, und aus diesem Wurzelstock konnte die Innigkeit und Weisheit der seraphischen Kirchenlehrer und Marienverehrer erwachsen, eines hl. Bonaventura, eines hl. Bernhardin von Siena.

In der Marienkirche von Portiunkula hat Franziskus manch geheimnisvolle Offenbarungen von Maria empfangen, hier hat sie ihm von ihrem göttlichen Sohn die Verleihung des Portiunkula-Ablasses erfleht. Zu Ehren ihrer glorreichen Aufnahme in den Himmel pflegte er vom Feste Peter und Paul bis Maria Himmelfahrt zu fasten und nannte diese Wochen die Fastenzeit der seligsten Jungfrau.

Wie begeistert hat er selbst von Maria gesprochen: «Wenn ich bete: Gegrüßet seist du, Maria, dann jubelt der Himmel mit, die Engel freuen sich, die Welt frohlockt, die Hölle erzittert, die Teufel fliehen.»

Es war ein weltgeschichtlicher Tag, als 1209 der Bettler von Assisi dem mächtigen Innozenz III. gegenübertrat und seine Regel in die bestehende Ordnung der Kirche einfügen wollte und der Papst sie bestätigte. Damit war ein Segensquell von unaussprechlicher Kraft für die Kirche aufgebrochen, aber auch für die Marienverehrung, die sich die Söhne des hl. Franziskus so angelegen sein lassen. Auch die Mitglieder des Dritten Ordens versprechen, zur Verherrlichung der unbefleckten Jungfrau, die Gebote Gottes und der hl. Regel zu halten.

Äußerlich ging Franziskus die letzten Jahre seines Lebens durch ein Meer von Bitterkeiten, innerlich blieb er der frohe Sänger Gottes, bis ihn der Bruder Tod am 3. Oktober 1226 zu den ewigen Freuden und zu seiner himmlischen Mutter holte. Schon zwei Jahre später wurde er heiliggesprochen. Es war ein Samstag, als er in die Ewigkeit hinüberging. Nach seinem Hinscheiden erschien er mehreren Kranken, heilte sie und befahl ihnen, das Salve Regina zu beten.

Wir haben von ihm selbst ein Gebet zu Maria, das wir nun ihm und ihr zur Freude sprechen:

Gebet des hl. Franziskus zu Maria. Sei gegrüßt, Maria, heilige Frau, du erhabene Königin und Gottesmutter, reine Jungfrau, vom himmlischen Vater erkoren, sei gegrüßt! Dich hat der Vater gesegnet zugleich mit seinem geliebten Sohne und mit dem Hl. Geiste, dem Tröster. Gesegnet bist du, und gesegnet seien die schönen Tugenden, die in die Herzen der Gläubigen strömen auf dein Gebet hin durch die Salbung des Heiligen Geistes.

Heilige Jungfrau Maria, unvergleichliche Tochter und Magd des allerhöchsten Königs und Vaters, reinste Mutter unseres Herrn Jesus Christus, Braut des Hl. Geistes, bitte für uns mit allen Heiligen bei deinem göttlichen Sohn, unserem lieben Herrn und Meister. Amen.

DER HL. PAUL VOM KREUZ

Stifter der Passionisten

Heute feiern wir das Fest der Kreuzauffindung, und deshalb soll uns ein Heiliger beschäftigen, der mit einer innigen Marienliebe vor allem die Liebe zum Kreuz und Leiden Christi verbunden hat, der hl. Paul vom Kreuz. Um 1700 in Oberitalien aus einer Familie mit 16 Kindern geboren, entbrannte er schon als Kind so in Liebe zu Gott, daß er sich oft während der Nacht in die Scheune hinausschlich und auf dem harten Boden, vor Kälte zitternd, die Güte Gottes betrachtete. Jeden freien Augenblick brachte er in der Kirche zu und diente gern am Altare bei der hl. Messe. Jeden Freitag geißelte er sich blutig, genoß nur ein Stücklein Brot und trank etwas Essig mit Galle vermischt.

Als er einmal mit seinem Bruder in einen Fluß fiel, erschien ihnen Maria und befreite sie vom sicheren Tode des Ertrinkens. Während er den Rosenkranz betete, zeigte sich ihm der Herr in Gestalt eines wunderschönen Kindes. Als er herangewachsen war, wollte ihn sein Oheim zum Erben eines bedeutenden Vermögens einsetzen, wenn er eine von ihm geplante Heirat eingehe. Er aber beteuerte: «O gekreuzigter Erlöser, du mein höchstes Gut allein genügst mir!» In seinem Drange für Christus zu leiden, wollte er sich einem Kreuzzug anschließen. Aber bevor er fortzog, empfing er vor dem Tabernakel durch Maria die Offenbarung, er solle die Welt verlassen und einen Orden von Männern stiften, die durch Missionen am Heil der Seelen arbeiten. Maria selbst soll ihm das Ordenskleid gezeigt haben, das bald darauf der Bischof ihm selbst in Form eines schwarzen Habits mit weißem Kreuz auflegte und dabei den Namen gab: Paul vom Kreuz. Vor einem Muttergottesbild in Maria Maggiore in Rom legte er sein 4. Gelübde ab, nach Kräften die Verbreitung der Andacht zum Leiden Christi zu fördern. Die Leiden, womit er nach seinen eigenen Worten 50 Jahre lang täglich heimgesucht wurde, vermehrten in ihm nur die Flammen der Liebe, und er fügte ihnen noch so schwere Bußübungen hinzu, daß er mit den Aszeten der ersten Zeit auf gleiche Stufe gestellt werden kann. Trotz seiner staunenswerten Tätigkeit als Volksmissionar war er ein Meister beschaulichen Lebens. Überall, wohin er kam, ging er zuerst in die Kirche, um den Heiland zu begrüßen und um seinen Segen zu bitten. Beim 40stündigen Gebet ließ er sich in den Chor der Kirche einschließen und war für niemand zu sprechen, denn er meinte: «Jetzt ist keine Zeit, mit den Geschöpfen zu reden, weil der Herr des Hauses, der Herr aller Herren, der Herr der Welt auf dem Throne ist.» Das Opfer der hl. Messe war der Herd, an dem er sich seine Liebe zum Heiland und zu seinem Leiden holte, und stets eiferte er für den Schmuck, die Reinheit und die Andacht in der Kirche. Wie er streng auf das fromme Benehmen der Meßdiener achtete, so ermahnte er auch einmal einen Priester: «Das ist kein Kleid, womit man zum Altare geht.»

Mit dieser Liebe zum leidenden Heiland und zum hl. Sakrament war die Liebe zur himmlischen Mutter innig verbunden, die schon seine Mutter in sein Herz gesenkt hatte. Nie sprach er den Namen Mariä aus, ohne sich zu verneigen oder sein Haupt zu entblößen, als ob er vor dem Throne der Himmelskönigin selber stünde. Nie begab er sich auf Reisen, ohne die Muttergotteslitanei gebetet zu haben. Den täglichen Rosenkranz nannte er seine Schuld an seine himmlische Mutter. Das Fest der Darstellung Mariä feierte er alljährlich als Fest seines Abschiedes von der Welt, und bei der Benennung seiner Klöster bevorzugte er die Ehrentitel Mariens. Sie nannte er die Hauptschützerin seiner Kongregation. Neben dem Fest der Darstellung Mariä feierte er besonders das Fest Mariä Himmelfahrt und Mariä Heimsuchung. An letzterem Fest segnete er Wasser, das er den Kranken verabreichte, und viele Wunder belohnten dieses Vertrauen des Heiligen. Wenn er jemanden betrübt fand, ermunterte er immer: Nur getrost, unsere Mutter Maria wird helfen! Er wiederholte häufig: Meine Hoffnung ist aufgebaut auf dem Leiden Christi und auf den Schmerzen seiner hl. Mutter.

Eines Tages erschien ihm die Gottesmutter nach der hl. Messe und redete mit ihm über ihre unbegreiflichen Schmerzen. Sie ermunterte ihn, fortzufahren in der Verehrung des Leidens Christi und ihrer Schmerzen. Den Missionaren befahl er, die Andacht zur seligsten Jungfrau als Quelle der Gnaden vorzuhalten, und durch sie erwirkte er oft die Bekehrung auch der verstocktesten Sünder.

In seinem Orden verfügte er als letztes Tagesgebet den Rosenkranz mit der lauretanischen Litanei, die Novizen sollten täglich eine kleine Prozession halten und dabei den Rosenkranz beten. Von diesem Orden und dieser Regel sagt Papst Benedikt XIV., der sie bestätigt hat: «Der Passionistenorden ist der letzte und hätte der erste sein sollen.» Er war berufen, der Welt die Herrlichkeit und die Schmach des Kreuzes zu predigen. Der Orden ist fast in der ganzen Welt verbreitet und hat auch eine Niederlassung in Pasing bei München. In seiner Regel schreibt der hl. Paul vom Kreuz über die Marienverehrung: «Der seligsten Gottesmutter sollen die Mitbrüder mit gebührender Andacht huldigen, sie als ihre besondere Beschützerin betrachten, des öfteren der bitteren Schmerzen gedenken, die sie beim Tod ihres Sohnes erduldete, und die Andacht zu ihr durch Wort und Beispiel fördern.»

Noch ein rührender Zug im Leben des hl. Paul vom Kreuz ist uns berichtet, der immer mit der Christus- und Heilandsliebe verbunden ist: Seine Liebe und sein Gehorsam gegen den Papst. Als er im Jahre 1772 sterbenskrank war, erbat er sich von Papst Pius VI. den apostolischen Segen. Pius hatte dem Boten geantwortet: «Ich will nicht, daß euer General jetzt schon sterbe. Sage ihm, daß er nach drei Tagen zu mir komme.» Als der Heilige das vernahm, umfaßte er das Kruzifix und seufzte: «O gekreuzigter Erlöser, ich will Deinem Statthalter gehorchen!» Die Todesgefahr schwand, und nach drei Tagen stand Paul wieder vor dem Papste. Als er 1775 dann wirklich zum Sterben kam und der Priester mit dem Allerheiligsten das Zimmer betrat, streckte er die Arme aus und rief: «O Jesus, ich bekenne, daß ich leben und sterben will in der Gemeinschaft mit der hl. Kirche. Komm, o Jesus, komm! Amen.»

Lasset uns beten. Herr Jesus Christus, Du hast den hl. Paul mit einer großen Liebe erfüllt, damit er das Geheimnis des Kreuzes verkünde. Auch wolltest Du durch ihn in der Kirche eine neue Ordensfamilie erblühen lassen. Verleihe uns durch seine Fürbitte die Gnade, daß wir Dein Leiden beständig auf Erden verehren und so im Himmel dessen Frucht erlangen dürfen, der Du lebst und regierst in Ewigkeit. Amen.

DIE SIEBEN STIFTER DES SERVITENORDENS

Christi Kreuz und Mariä Schmerzen gehören innig zusammen, und die Marienverehrung bedeutet keineswegs eine Lebensversicherung gegen Kreuz und Leiden. Auch heute sollen uns Kreuzesheilige Marienliebe künden.

Das 12. Jahrhundert fand Italien durch furchtbare Bürgerkriege zerrissen und verwüstet. Da schlossen sich sieben junge Männer einer frommen Genossenschaft an, welche durch Gebet und Buße Gottes Gnade auf das Volk herabziehen wollte. Als sie am Feste Mariä Himmelfahrt 1233 in einer Marienkapelle ihre Andacht verrichteten, da kam es jedem der sieben Jünglinge vor, als sehe er Maria vor sich und lade ihn ein zu einem heiligen Leben. Sie besprachen sich miteinander und gingen zum Bischof, der sie ermunterte, sich eine Regel zu wählen und einen Orden zu Ehren der Gottesmutter zu gründen. Aber dagegen sträubte sich ihre Demut. Maria mußte selbst ihnen befehlen, das zu tun, was sie nicht wagten. Am 3. Fastensonntag geschah es, daß die sieben Seligen einen kleinen Weinberg, den sie kurz zuvor erst gepflanzt hatten, mit Blättern, Blüten und Trauben auf allen Seiten reich behangen vorfanden. Dabei erschien Maria den Seligen und dem Bischof und deutete an, welche Fruchtbarkeit ein solcher Orden in Zukunft entfalten werde. Am Karfreitag erschien ihnen Maria abermals und beschrieb ihnen den ganzen Plan der Ordensgesellschaft und wünschte selbst das schwarze Ordenskleid zum Andenken an ihre Schmerzen. Mit viel Gebet und Bußübungen begannen die Männer ihr heiliges Leben, wobei sie ihren Lebensunterhalt erbettelten. Dabei kamen sie einmal in das Haus der Florentiner Adelsfamilie der Benizi. Die Hausfrau, die ein fünf Monate altes Knäblein auf dem Arm trug, zögerte mit der Gabe. Da öffnete sich der Mund des Kleinen und sprach: «Siehe da, die Diener Mariä, gib ihnen Almosen!» Von da an nannten sie ihre fromme Gemeinschaft Diener Mariä oder Serviten. Mit wahrhaft religiöser Glut gingen sie an ihr Werk und predigten den von Hader und Krieg zerwühlten Städten das Leiden Christi und seiner Mutter. Gegen Ende ihres Lebens kehrten sie alle auf den Monte Senario zurück, von dem ihre Stiftung ausgegangen war, wo sie zwischen

1257 und 1310 starben. Weil sie in ihrem Leben immer ein Herz und eine Seele waren, wurden sie auch immer gemeinsam angerufen und heiliggesprochen.

Der 5. Ordensgeneral dieser Serviten war der obengenannte Knabe, der am Feste Mariä Himmelfahrt 1233 geboren war, an dem Tage, als Maria zum erstenmal die sieben Männer zur Gründung einer Ordensfamilie rief. In einem anderen Jahre fiel er an Mariä Himmelfahrt in eine schwere Ohnmacht, aus der ihn Maria wieder befreite. Als er in einer Servitenkirche die Epistel vom Kämmerer aus Äthiopien hörte, den der Diakon Philippus taufte, da hörte er, wie Maria auch ihm die Worte der Epistel zurief: «Philippus – das war auch sein Name – gehe hin und schließe dich dem Wagen an!» Auf dem Wagen saß in strahlender Herrlichkeit Maria, die das Kleid des Servitenordens in der Hand hielt. So kam Philippus Benitius in den Orden und stiftete später den weiblichen Zweig der Servitinnen. Er gab durch seine Regel dem Servitenorden das feste Fundament und trug viel zu seiner Ausbreitung bei. Als er in Deutschland mit Kaiser Rudolf von Habsburg zusammentraf, nahm dieser samt seiner Gemahlin das Kleid des Dritten Ordens der Serviten. Mit den Augen auf das Kreuz gerichtet und den hl. Namen Jesus und Maria auf den Lippen verschied er.

Gebet zu den Sieben Stiftern des Servitenordens.
Ihr ruhmreichen Sieben Stifter und Gründer des Servitenordens! Wegen euerer hohen Heiligkeit wart ihr würdig, von der seligsten Jungfrau berufen zu werden zur Gründung eines neuen Ordens in der Kirche, der ihre Verehrung und die Andacht zu ihren Schmerzen pflegen und verbreiten sollte. Ihr habt die Welt verlassen und in der Einsamkeit des Senario strengste Buße geübt und eueren Geist gestärkt durch die Betrachtung der ewigen Wahrheiten und der unendlichen Liebe Gottes zu uns. Durch die Liebe, die euch verband, und euer Wirken für den Frieden habt ihr der Welt das schönste Beispiel brüderlicher Liebe gegeben.

Erwirket uns eine zarte Andacht zu Jesus, dem Gekreuzigten, und zur Königin der Märtyrer, ein brennendes Verlangen nach dem inneren Leben, nach Abtötung und Buße und eine hingebende Liebe zum Nächsten, die uns zu allen guten Werken antreibt. Amen.

DER HL. DOMINIKUS

Stifter der Dominikaner

Heute ist das Fest des hl. Pius V., des großen Dominikanerpapstes, der durch das Rosenkranzgebet die Christenheit vor der drohenden Gefahr des Islam befreit hat. Wir haben im letzten Jahre von ihm gehört. Heute denken wir an den Mann, der als Begründer des Rosenkranzes angesehen wird und der den Orden stiftete, der nach ihm seinen Namen hat.

Dominikus wurde in Spanien geboren und oblag in seiner Jugend eifrig dem Studium der Gotteswissenschaft. Nach seiner Priesterweihe wurde er Begleiter des Bischofs, der auf dem Wege nach Rom war. Dabei kamen sie durch Südfrankreich und erlebten dort, wie die Irrlehre der Albigenser und Waldenser die Gläubigen von der Kirche losriß. Die Irrlehrer leugneten Kirche und·Sakramente, verwarfen Ehe und Eigentum und lebten anscheinend in Armut und Sittenstrenge. Da erwachte in Dominikus der Entschluß, sein ganzes Leben und seine ganze Kraft in den Dienst der Wahrheit zu stellen. Und er gewann den Kampf mit den drei Waffen: Gebet, Predigt und gutem Beispiel. In ärmlicher Kleidung, barfuß, ohne Geld, nur auf die Gaben der Leute angewiesen, begann er seine Predigt. Es war nicht leicht, sich mit diesen fanatischen Gegnern in einen Wortstreit einzulassen. Vierzehn Tage dauerten oft die öffentlichen Streitgespräche, in denen sich Dominikus als vollendeter Theologe und schlagfertiger Redner erwies und den Sieg davontrug. Dabei ließ er immer wieder vor allem die Liebe zu den Irrenden und Sündern hervorleuchten. Trotzdem war ihm kein allzu großer Erfolg beschieden. Sektierer und Fanatiker sind auch heute schwer zu bekehren. Dominikus sah ein, daß hier nur die Gnade von oben helfen konnte, und darum nahm er seine Zuflucht zur Mittlerin aller Gnaden, zu Maria. Ganze Nächte verbrachte er nun im Gebet und verband sich mit Maria. Mit Liebe nahm er sich des Gebetes an, das damals sich langsam in der Art des Rosenkranzes entwickelte. Die Legende sagt, daß Dominikus von Maria selbst das Rosenkranzgebet gelehrt bekam. Tatsache ist, daß durch ihn und durch seinen Orden diese Art des Gebetes einen wahren Siegeszug durch die Welt antrat und Zehntausende von Bekehrungen folgten. Es war kein bloßes Herunterleiern, das Dominikus förderte, sondern er predigte viel über die Geheimnisse des hl. Rosenkranzes als dem Mittelpunkt dieser Gebetsform, weil so alle Glaubenswahrheiten betend dargestellt werden.

Um den Kampf für die Wahrheit des katholischen Glaubens auf eine breitere Basis zu stellen, gründete Dominikus einen Orden von armen Wanderpredigern, die gründlich ausgebildet waren und vor allem Männer des Gebetes sein mußten. Im Jahre 1215 wurde der Dominikanerorden als Predigerorden vom Papst bestätigt. Er schenkte der Kirche eine reiche Fülle von Heiligen, die sich besonders in der Marienverehrung auszeichneten, wie den deutschen heiligen Kirchenlehrer Albert den Großen, den hl. Hermann Joseph und den hl. Thomas von Aquin, der die unsterblichen Sakramentslieder dichtete, den hl. Papst Pius V., Katharina von Siena und Rosa von Lima.

Wer aber könnte die Sünder zählen, die sich durch den Rosenkranz bekehrten, die Gnaden, die durch ihn der Welt und der Kirche geschenkt wurden! Wie in anderen gefahrvollen Zeiten hat uns auch jetzt Maria wieder in Lourdes und in Fatima hingewiesen auf die Bedeutung des Rosenkranzes für den Weltfrieden und die Rettung der Kirche.

In Bologna traf Dominikus noch mit dem hl. Franz von Assisi zusammen, dem Stifter des anderen Bettelordens. In heiligem Zwiegespräch saßen die Männer zusammen, von denen die religiöse Erneuerung des Hochmittelalters ausging. Vor der versammelten Ordensgemeinde starb er zu Bologna am 6. August 1221.

Gebet zum hl. Dominikus. Heiliger Dominikus, du warst ein eifriger Priester Gottes, du bist ein ruhmreicher Ordensstifter. Du warst der Freund, der Liebling und Vertraute der Himmelskönigin. Durch den hl. Rosenkranz hast du so viele Wunder gewirkt. Und du, heilige Katharina von Siena, du warst ein bevorzugtes Mitglied seines Rosenkranzordens. Du bist eine mächtige Mittlerin am Throne Marias und beim Herzen Jesu.

Ihr lieben Heiligen schaut herab auf meine Not und erbarmt euch meiner Lage! Ihr hattet auf Erden ein mitfühlendes Herz für die Not des anderen und eine starke Hand, ihr abzuhelfen. Jetzt im Himmel ist euere Macht und Liebe nicht geringer geworden. Bittet darum für mich, ja bittet für mich bei der Rosenkranzkönigin und bei ihrem göttlichen Sohne. Ich habe ein großes Vertrauen, daß ich durch euere Vermittlung jene Gnade erhalten werde, nach der ich so sehr verlange. Amen.

DIE GROSSE HL. THERESIA VON AVILA

Reformatorin des Karmelitinnenordens

Eine der hervorragendsten Frauengestalten, nicht nur unter den Heiligen, sondern unter allen Frauen der Welt, ist die hl. Theresia, die Große, von Avila in Spanien. Sie war das jüngste von 12 Kindern und wurde fromm erzogen. Schon als Kind sehnte sie sich nach dem Martyrium und entfloh dem Elternhaus. Ihr Onkel brachte sie wieder zurück, und sie mußte sich damit begnügen, im Garten eine Zelle zu bauen und den Rosenkranz zu beten.

Als Theresia 12 Jahre alt war, starb ihre Mutter. «Ich begriff einigermaßen, was ich verlor», schreibt sie, «ging tiefbetrübt zu einem Bild der seligsten Jungfrau und bat sie mit tausend Tränen, fortan meine Mutter zu sein. Dieser Ruf wurde erhört. Ich fand eine Mutter in der Himmelskönigin. Von diesem Augenblick an habe ich mich nie dieser erhabenen Jungfrau empfohlen, ohne daß ich ihre allvermögende Hilfe sichtlich hätte erfahren dürfen.»

Wohl gab sich Theresia noch einige Jahre den Eitelkeiten der Welt hin, bis sie in einem Pensionat eine ernstere Lebensanschauung gewann und schließlich in den Orden der Karmelitinnen eintrat, wodurch sie sich wieder besonders unter den Schutz der Gottesmutter stellte. Die Gelübdeformel beginnt in diesem Orden mit den Worten: «Ich mache meine Profeß und verspreche Gehorsam Gott und der hl. Maria vom Berge Karmel.» So ist es verständlich, wenn bei der großen Erneuerung des Ordens, die Theresia in die Wege leitete, auch Maria als die eigentliche Herrin und Pflegerin des Ordens erscheint. In schlichter Offenheit erzählt die Heilige mehrere Erscheinungen der Gottesmutter, in denen diese Tatsache zum Ausdruck kommt. In das erste reformierte Kloster wollte sie nur die aufnehmen, deren gutes Beispiel die Grundlage eines Lebens der Vollkommenheit und des Gebetes sei, damit sich darauf ein Werk erbaue, das dem Herrn wohlgefalle und dem Kleide seiner heiligsten Mutter Ehre mache. Am Tage, da sie endlich die ersehnte Übersiedlung in das Klösterlein vornehmen konnte, ging sie vorher in die Kirche und wurde im Gebet verzückt. Sie sagte in Einfalt: «Ich sah Christus, der mich mit zärtlicher Liebe empfing, mir eine Krone aufs Haupt setzte und mir für alles dankte, was ich zur Ehre seiner heiligsten Mutter getan habe.»

Ein anderes Mal war sie mit den Schwestern nach dem Abendgebet zur Betrachtung im Chor versammelt, als sie die Vision der allerseligsten Jungfrau hatte. Sie trug einen weißen Mantel und breitete ihn über die Schwestern aus. — Ausdrücklich bezeichnet sie die Regeln des Klosters als die Regeln der allerseligsten Jungfrau vom Karmel, die sie wieder in voller Strenge befolgen wollten. «Gebe Gott», sagt sie, «daß dies alles geschehe zu seinem Lobe und zur Verherrlichung der glorreichen Jungfrau, deren Kleid wir sämtlich tragen.»

Unter ihrem Schutz und durch die Hilfe des hl. Joseph, den sie als Bräutigam und Schützer der Gottesmutter auch besonders verehrte, konnte sie trotz heftigsten Widerstandes mächtiger Gegner 32 Klöster gründen, die nach der strengen Regel lebten. Auf den Beistand der hl. Jungfrau legte sie so großen Wert, daß sie jedesmal die Himmelskönigin zur Vorsteherin des Klosters ernannte und ihrem Bilde die Schlüssel des Hauses überreichte.

Einst nahm ihr der Herr den Rosenkranz aus der Hand, befestigte auf dem Kreuzchen vier wundersame Diamanten und gab sie dann Theresia zurück, die von da an das Rosenkranzgebet noch mehr und inniger pflegte.

In einer Zeit des sittlichen Niederganges und religiöser Zweifelsucht wirkte sich die Reform des Karmeliterordens auf alle Schichten der Bevölkerung aus, zumal Theresia von geistlichen und weltlichen Großen viel aufgesucht und um Rat gefragt wurde. Ohne sie wäre wohl Spanien der Reformation zum Opfer gefallen. Jubelnd sah sie dem Tod entgegen und versicherte immer wieder: «Herr, ich bin eine Tochter der Kirche.» Sie starb im Jahre 1582, 67 Jahre alt.

In ihrem Brevier lag als Merkzeichen der Spruch: «Nichts soll dich ängstigen, nichts dich erschrecken. Alles vergeht. Nur Gott ändert sich nicht. Geduld erreicht alles. Wer Gott besitzt, dem kann nichts fehlen, Gott allein genügt.»

Welch herrliches Beispiel einer kraftvollen Marienverehrung gerade bei einer Frau. Beten wir zur hl. Theresia um Ordensberufe in unserer Gemeinde, denn heilige Ordensleute helfen am besten die Treue zur Kirche erhalten. Bei ihnen nimmt Maria nach Christus den ersten Platz ein. Wo Maria, dort ist Christus, wo Christus, dort ist die Kirche.

Gebet: Heilige Theresia, du seraphische Jungfrau, du geliebte Braut des Gekreuzigten! Du glühtest auf Erden in inniger Liebe zu deinem und meinem Gott. Jetzt im Himmel ist dieses Feuer noch reiner und heißer geworden. Dein Wunsch war stets, Ihn von allen Menschen geliebt zu sehen.

Ich bitte dich, erwirke auch mir einen Funken dieses heiligen Feuers, daß ich auf die Welt, die Geschöpfe und mich selbst vergesse, daß all mein Denken, Wünschen und Begehren stets darauf gerichtet ist, in Freud und Leid den Willen des höchsten Gutes zu tun. Denn Er verdient es, daß wir uns bedingungslos Ihm unterwerfen und Ihn lieben.

Du vermagst viel bei Gott. Darum erbitte mir diese Gnade. Gib, daß ich ganz erglühe wie du in göttlicher Liebe, Amen!

DER HL. ANTON CLARET

Stifter der Claretiner

Am 7. Mai 1850 wurde ein Marienverehrer heiliggesprochen, Anton Claret, der sein ganzes Leben lang eine solche Liebe zu Maria hatte, daß ihm die ständige Zwiesprache mit ihr selbstverständlich war. ·Im Jahre 1807 in Nordspanien geboren, sorgte er sich schon als Fünfjähriger darüber, daß so viele Menschen unbekümmert der Hölle zueilen. Auf den Knien der Mutter hatte er den Rosenkranz gelernt, und dieser war nun sein ständiger Begleiter, ob er mit seiner Schwester zu einem Marienheiligtum pilgerte oder in Werkstätten arbeitete, denn er hatte eine ausgesprochen technische Begabung. Bald konnte er fast wörtlich die in der Kirche gehörten Predigten aufsagen. Im Alter von 22 Jahren studierte Anton Claret Philosophie und wurde einmal krank. Da versuchte ihn der Teufel in schwerer Weise gegen die hl. Reinheit. Mit großer Innigkeit rief er zur Mutter Gottes, und nun sah er in einer Vision Maria zu seiner Rechten, vor der er selbst in Gestalt eines kleinen Kindes stand. Maria krönte das Kind mit den Worten: «Antonio, diese Krone wird dir gehören, wenn du siegst.» Der Teufel, der zu seiner Linken stand, mußte weichen, aber er gab den Kampf nicht auf, sondern führte ihn in anderer Weise weiter. Wir kennen 23 Gelegenheiten, bei denen der Heilige am Rand des Grabes stand, und immer wurde er durch Maria gerettet. Zwei plötzliche Heilungen lebensgefährlicher Wunden hat P. Claret einfach erklärt mit den Worten: «Helfen Sie mir dem Herrgott danken, heute nacht hat mich die Mutter Gottes geheilt.»

Es ist auch kein Wunder, daß die Hölle einen Mann wie P. Claret haßte. Nachdem er zum Priester geweiht war, durchwanderte er ganz Katalonien bis zu den Kanarischen Inseln. Seine Predigten schätzt man auf über 25 000. Obwohl er meist nur drei Stunden auf einem Stuhl sitzend schlief, weder Fleisch aß noch Wein trank und bis zu 12 Stunden im Gebet vor dem Allerheiligsten weilte, verfaßte er dabei noch 121 religiöse Werke mit 145 Bänden, die in einer Gesamtzahl von 11 Millionen auf dem Büchermarkt erschienen. Hunderttausende frommer Bücher und Zeitschriften verteilte er gratis, so sehr war er von der Macht der Presse überzeugt.

Mit einem Male fand Clarets Missionstätigkeit ein unerwartetes Ende. Am 1. Mai 1849 hatte er die Kanarischen Inseln verlassen, weil er einsah, daß er die große Arbeit nicht allein leisten konnte. So entstand in ihm der Plan, eine Genossenschaft zu gründen, und er lud die ersten fünf Freiwilligen am Fest der Gottesmutter vom Berg Karmel am 16. Juli, in ein Priesterseminar zur Besprechung ein. Er begann sie mit den Worten: «Heute nimmt ein großes Werk seinen Anfang. Sie werden es bald sehen.» Was diese fünf sahen, war nicht ermutigend. Gleich zu Anfang verloren sie sozusagen ihren Vater, denn Claret wurde als Erzbischof nach Kuba berufen. Auch dort übte er wieder seine Missionstätigkeit aus und bekehrte in sechs Jahren die ganze Insel.

Auf den Wunsch des Papstes kehrte er hierauf zurück und übernahm das Amt des Beichtvaters der Königin, das er mit viel Klugheit und Geschick verwaltete. Als Verehrer der Immaculata räumte er mit der freien Kleidermode am Königshof auf, die Vergnügungen wurden eingeschränkt, und die Hofdamen vergeudeten ihre Zeit nicht mehr durch Nichtstun, sondern stickten Paramente oder ketteltеn Rosenkränze. Wenn zu bestimmter Stunde die Glocke läutete, nahmen alle mit der Königin und auch eventuellen Besuchern am gemeinsam gebeteten Rosenkranz teil.

Sowohl als Missionar als auch als Erzbischof war die Verbreitung des Rosenkranzgebetes sein Herzensanliegen, und er brachte es so weit, daß fast in jeder Familie abends der Rosenkranz gebetet wurde. Den Bildern der Rosenkranzkönigin ließ P. Claret ein Herz hinzufügen, so wie 70 Jahre später von Fatima aus der Rosenkranz mit der Herz-Mariä-Verehrung verbunden wurde. Als er einmal den Rosenkranz betete, wurde ihm durch Maria die Versicherung zuteil, daß ihm der Herr die Gnade des Verbleibens der sakramentalen Gestalten in seiner Brust geschenkt habe, so daß er Tag und Nacht das Allerheiligste wie in einer Monstranz bei sich trug. So lebte er aber auch, ganz eingezogen und in sich gesammelt.

Seinen geistlichen Söhnen und Töchtern — er gründete auch die Claretinerinnen — sagte er: «Die wichtigste Tugend ist die Liebe. Der apostolische Arbeiter muß Gott lieben, muß die allerseligste Jungfrau lieben und die Menschen, hat er diese Liebe nicht, so werden ihm all seine anderen Fähigkeiten nicht helfen.» Bei seinem Tode zählte die Genossenschaft etwa 100 Mitglieder, heute sind es 4000. Durch die Verleumdungen der Freimaurer wurde P. Claret gezwungen, in die Verbannung zu gehen, und so starb er in einem französischen Kloster im Rosenkranzmonat 1870. Seine Söhne, die Claretiner, tragen seinen Namen und seinen Geist als Diener des Unbefleckten Herzens Mariä durch unsere Zeit.

Gebet des hl. Anton Claret. 1. O unbeflecktes, in Reinheit erstrahlendes Herz Mariä! Du bist die schönste Blume im Garten Gottes. Du bist jenes wunderbare Paradies, das die Sünde nie entweiht hat. Erwirke uns die Gnade, daß wir jede Beleidigung Gottes, auch die geringste, nach Kräften meiden und Gott mit reinem, schuldlosen Herzen dienen. Gegrüßet . . .

2. O unbeflecktes, in göttlicher Liebe erglühendes Herz Mariä! Du bist die brennende Lampe, die der Hl. Geist selbst angezündet und mit dem Öle seiner Liebe genährt hat. Auf dem Herde deines Herzens ist diese hl. Glut nie erloschen. Entzünde unsere lauen Herzen mit jenem Feuer göttlicher Liebe, von dem du ganz entflammt bist. Gegrüßet . . .

3. O unbeflecktes, um das ewige Heil der Seelen tiefbekümmertes Herz Mariä! Gedenke der armen Sünder, die, verstrickt in den Banden ihrer Leidenschaften, getrennt von Gott dahinleben. Hilf ihnen die traurigen Fesseln sprengen, die sie der Freiheit der Kinder Gottes berauben und zu Sklaven der Hölle machen. Gegrüßet . . .

DER HL. BRUNO

Stifter der Kartäuser

Nur zwei Ordensstifter haben die deutschen Lande aufzuweisen, von denen wir heute und morgen hören wollen und die ungefähr zur gleichen Zeit lebten. Der erste ist der hl. Bruno, Stifter der Kartäuser. Sein Andenken hielt bisher das einzige Kartäuserkloster Deutschlands in Hain bei Düsseldorf wach, nahe der Stätte, wo er geboren wurde. Wegen der Unruhe denkt man daran, es zu verlegen. Alle anderen sind wieder untergegangen, weil kein Jahrhundert groß genug war, das Ideal dieses Mannes zu begreifen. Als Sohn des Altkölner Adelsgeschlechtes der Hartefaust 1032 in Köln geboren, besuchte Bruno zunächst verschiedene Schulen, bis er zum Priester geweiht und als einer der gelehrtesten Männer seiner Zeit durch 20 Jahre hindurch Leiter der höheren theologischen Studien an der Domschule zu Reims wurde. Von seiner adeligen Mutter der Himmelskönigin geweiht, hegte Bruno schon früh eine zarte Andacht zu Maria, die ihn vor aller Verführung durch die Welt, aber auch vor Stolz in seinen hohen Ämtern bewahrte. Nie strebte er nach geistlichen Würden, aber als er sah, wie Bischofsstühle um Geld an Unwürdige verschachert wurden, trat er auf einer Kirchenversammlung als Ankläger auf. Dafür wurde sein Haus geplündert. Bruno führte nun aus, was er längst geplant hatte. Er legte sein Amt nieder, verschenkte Bücher und Vermögen und zog mit einigen ideal gesinnten Priestern in ein abgelegenes Tal bei Grenoble, wo sie in der Wildnis zwischen den Felsen ein kleines Heiligtum der Gottesmutter bauten, um das sich sechs Blockhütten scharten. Mit Handarbeit, Studium und Gebet verbrachten sie nach der Regel des hl. Benedikt ihr Leben in strengstem Stillschweigen, jeder für sich allein wohnend und freudig die härtesten Entbehrungen ertragend. Die erste Kartause war gegründet, ein neuer Orden am Lebensbaum der Kirche entstanden. Bruno hätte nicht glücklicher sein können als in diesen sechs Jahren vollständiger Einsamkeit. Wenn nicht Papst Urban II., der ihn von der Domschule her kannte, nach Rom als seinen Berater geholt hätte, würde Bruno schwerlich die Gemeinschaft der Menschen wiedergesehen haben. Standhaft schlug er alle Ehrenstellen aus und ging schließlich auch mit dem Papst in die Verbannung, als dieser vor Heinrich IV. fliehen mußte. Dort in den Waldschluchten Unteritaliens ergriff ihn wieder das Heimweh nach der Einsamkeit. Mit dem Einverständnis des Papstes baute Bruno am Fest Mariä Himmelfahrt 1094 eine zweite Kartause, und wieder waren es sechs Brüder, die seine Abgeschiedenheit und Bußübungen teilten. Mit einem öffentlichen Schuldbekenntnis auf den Lippen sank der Stifter des Kartäuserordens am 6. Oktober 1101 tot auf sein Lager zurück. 1514 wurde sein Leib noch unverwest gefunden. In der von Michelangelo erbauten Kirche Maria, Königin der Engel, in Rom steht am Eingang seine vielbewunderte Statue. Eine ergreifend tiefe Frömmigkeit liegt auf der ruhigen, ernsten Gestalt. Man denkt unwillkürlich: «Er würde sprechen, wenn ihm die Ordensregel nicht das Stillschweigen gebieten würde.»

Der hl. Bruno hat einen großen Anteil an der Verbreitung des Marienkultes. Er ordnete an, daß dem Vaterunser immer das Ave Maria beigefügt werde. Ihm verdanken wir wahrscheinlich auch die Marienpräfation. Der hl. Bruno erbat die Genehmigung des kleinen Offiziums von der allerseligsten Jungfrau, wie es von den Benediktinermönchen schon lange gebetet wurde. Gerade zu dieser Zeit wurde der Samstag der Verehrung Marias geweiht, und der Hl. Vater Urban III. soll selbst zum erstenmal die Muttergottesmesse Salve Sancta Parens gefeiert haben, die im Kartäuserorden noch heute jeden Tag gefeiert wird, auch an den höchsten Festtagen. Unter dem Einfluß des Heiligen wurde es auch üblich, dreimal am Tage den Engel des Herrn zu beten, um den Kreuzfahrern Gottes Segen und den Schutz Mariens zu erflehen.

Wenn Bruno das Ave Maria betete, küßte er jedesmal den Betschemel oder die Erde, um sich geistigerweise Maria zu Füßen zu werfen. An den Vortagen aller Marienfeste fastete er bei Wasser und Brot. Wie Bruno, so beginnen seine Söhne heute noch jedes Werk und alle geistlichen Übungen mit dem Ave Maria und beschließen es damit, die Vorbereitung und Danksagung zur hl. Messe nicht ausgenommen. Nie treten sie in ihre Zellen, ohne Maria zu grüßen. Das marianische Offizium ist über den ganzen Tag und die ganze Nacht verteilt, und siebenmal täglich beten sie das Salve Regina. Jedes Mitglied erhält zu seinem Namen noch den Namen Maria.

Im Kartäuserorden wurde es auch zuerst üblich, zwischen den einzelnen Ave Maria die Geheimnisse des Rosenkranzes einzuflechten. Allerdings war es bei jedem Ave Maria ein neues Geheimnis und deshalb vom Volk schwer zu behalten, so daß gegen Ende des 15. Jahrhunderts die heutige Art des Rosenkranzgebetes üblich wurde, welche die Vereinfachung mit 15 Gesetzen aufweist.

Die Einsiedeleien, die er baute, weihte er alle der Mutter Gottes, weshalb sein Biograph schreibt: «Fern von seinem Vaterlande erhielt er die Stätten der seligsten Jungfrau Maria, deren Sohn er war. Glücklicher Fremdling, den Maria, die Gebenedeite, aufnahm, beschützte und pflegte!» Nach dem Beispiel seines Stifters verteidigte der Kartäuserorden jederzeit die Unbefleckte Empfängnis, denn, so sagt Bruno, «sie ist die unversehrte Erde, die der Herr segnete und vor jedem Makel der Sünde bewahrte. Durch sie haben wir den Weg des Lebens gefunden und die verheißene Wahrheit erhalten. Sie allein war würdig befunden, die Mutter des Herrn zu werden.»

Die Liebe zu Maria ist dem hl. Bruno zu einer Quelle unendlicher Segnungen geworden, von ihr, der demütigen Jungfrau, die alle Worte des Herrn in ihrem Herzen bewahrte, lernte er die Demut, das Schweigen und die ständige Vereinigung mit Gott.

Gebet zum hl. Bruno. O hl. Vater Bruno! Der du deinen geistigen Söhnen in deinem Orden als heiliges Vermächtnis und als Unterpfand der endlichen Beharrlichkeit eine ganz außerordentliche Liebe zur allerseligsten Jungfrau und Gottesmutter Maria hinterlassen hast, erflehe mir um deiner Liebe zu Maria willen eine kindliche Liebe und ein unbegrenztes Vertrauen zur Himmelskönigin. Hilf mir, daß ich ihr Offizium und den hl. Rosenkranz täglich mit großer Andacht bete und auch die übrigen Huldigungen unserer hehren Frau mit tiefer Demut darbringe und so die Gnade erlange, um die ein jeder deiner Söhne Maria stündlich bittet, daß sie gnädigst gegenwärtig sei beim Sterben als mächtige Helferin und Schutzpatronin. Amen.

DER HL. NORBERT

Stifter der Prämonstratenser

Der zweite deutsche Ordensstifter, der hl. Norbert, hätte Bischof von Würzburg werden sollen, wenn er sich nicht durch die Flucht dieser Würde entzogen hätte. Später konnte er aber dennoch der Bischofswürde nicht ausweichen, als ihm auf dem Reichstag zu Speyer das Erzbistum Magdeburg übertragen wurde. Nie hat er sich als Bischof wohlgefühlt, denn sein Bußgeist wollte gutmachen, was er in jungen Jahren an Luxus und Wohlleben gefehlt hatte, wenn er sich auch von allem Schlechten fernhielt. Er mag um das Jahr 1080 in Xanten geboren sein und war als Sohn adeliger Eltern von vornherein dazu bestimmt, Karriere zu machen. Daß er aber nicht ganz verweltlicht war, bewies er auf dem Römerzug seines Königs, Heinrichs V. Als die deutschen Ritter den Papst mit gezücktem Schwert umringten, um ihn gefangenzunehmen, waren Norbert und der Erzbischof Konrad von Salzburg die einzigen, welche sich unter Gefahr ihres Lebens zwischen den Papst und die Ritter warfen.

Als wollte ihn Gott für diese Tat belohnen, riß er ihn kurz nach der Römerfahrt aus seinem bisherigen welthungrigen Dasein. Ein Blitzstrahl hätte ihn um Haaresbreite erschlagen. Noch zitternd vor Schrekken, schlug er ein Kreuz und gelobte ein anderer Mensch zu werden. Es war kein Augenblicksentschluß, sondern die starke Willensumkehr eines von Gott Berührten. Wie Luther durch dieses Ereignis zum geistlichen Stand kam, wurde auch Norbert Priester und Reformator, aber einer, der erstens bei sich selbst mit der Reform anfing und der sein ganzes Leben in Treue zum Papst und zur Kirche stand, der schlechte Priester und Bischöfe nicht mit der Kirche gleichsetzte. Auch hier mag die Marienliebe ihm den rechten Weg gezeigt haben: wo Maria ist, dort ist Christus, wo Christus ist, dort ist die Kirche. In langen Nachtwachen, Gebet und Bußübungen hatte Norbert sein Lebensziel gefunden, das er mit Energie anstrebte: restlose Entäußerung von allem Besitz und aller Eigenliebe und Bekehrungsarbeit an seiner Zeit und Umwelt. In Sommerglut und Winterkälte zog er quer durch

Westdeutschland und Frankreich, zu Fuß oder auf einem Esel reitend. Sein Beispiel wirkte mehr als alle Worte. Niemand wagte ihm zu widerstehen, wenn er Streitende versöhnen oder öffentliche Ärgernisse ausrotten wollte.

Schließlich erkrankte er, und nun mußte er sein Wirken aufgeben, um Gottes Plan zu verwirklichen, der noch Größeres mit ihm vorhatte. Mit dem bischöflichen Kaplan Hugo von Cambrai ging er in die Waldwildnis von Prémontré und gründete dort ein Kloster, das wegen seiner Einsamkeit und seiner Strenge von vornherein dem Untergang geweiht schien. Aber gerade der unerbittliche Ernst, mit dem hier der alte Ordensgeist entstand, zog viele junge Männer an, und bald waren die weißen Mönche bekannt, die als Stoßtrupp der Kirche Vorbild aller Priester waren. Als Papst Honorius II. die Satzungen im Jahre 1125 bestätigte, war der Orden der Prämonstratenser fest begründet.

Norbert selbst blieb auch nach seiner Ernennung zum Erzbischof von Magdeburg so demütig und einfach, daß der Türhüter dem staubbedeckten Mönch, der barfuß in Magdeburg einzog, den Eintritt verweigerte, das Volk aber jubelte ihm zu. Seine Strenge schuf ihm jedoch bald viele Gegner, die sogar vor Mordanschlägen nicht zurückschreckten. Unbeirrt setzte Norbert sein Werk fort, treu stand er zum Kaiser, zu Volk und Vaterland. Aber wo es die Interessen der Kirche zu wahren galt, wich er auch vor dem Kaiser nicht zurück und stellte sich noch einmal gegen ihn auf die Seite des rechtmäßigen Papstes. Wie ein Krieger hielt er sich aufrecht bis zur letzten Stunde. Am 6. Juni 1134 beendete er als 50jähriger sein kampf- und arbeitsreiches Leben. Seine sterblichen Überreste wurden aus dem protestantisch gewordenen Dom zu Magdeburg nach dem Kloster Strahow bei Prag übertragen. Seine Klöster sind schon in der Säkularisation und nach dem zweiten Weltkrieg dem Kommunismus zum Opfer gefallen, obwohl gerade sie bei der Missionierung und Kultivierung der Slawen und Wenden große Stützpunkte waren.

Zwei Andachten zeichneten den hl. Norbert besonders aus: die Andacht zum heiligsten Altarssakrament und die zur Mutter Gottes. Mit unbeschreiblicher Andacht zelebrierte er die hl. Messe, und wiederholt wirkte er durch die hl. Eucharistie ein Wunder. Als er einmal in Würzburg die hl. Messe feierte, nahte sich ihm bei der hl. Kommunion eine blinde Frau und bat um Heilung. Der Heilige wandte sich nach dem Empfang der hl. Kommunion um, hauchte die Frau an, und diese erhielt auf der Stelle das Augenlicht. Nicht umsonst ging der Kampf der Sektierer gegen das heiligste Sakrament und gegen die Gottesmutter Hand in Hand. Darum finden wir im Leben des hl. Norbert auch eine kindliche Verehrung der Gottesmutter. Als er in der Nähe von Laon einmal in einer alten Kapelle betete, ward er in der Nacht einer Erscheinung der Gottesmutter gewürdigt, die ihm ein schneeweißes Gewand anbot und sprach: «Mein Sohn, nimm hin das weiße Kleid!»

So stand Maria auch an der Wiege seiner Stiftung, und es ist nicht verwunderlich, daß Norbert das weiße Ordenskleid nur unter der Bedingung von Maria annahm, daß er ihre Makellosigkeit besonders zu verehren und ihr darin möglichst nachzufolgen versprach. «Der ist kein Sohn der heiligsten Jungfrau Maria», mahnt er, «der ihr nicht mit ganzer Seele dient.» So lebt im Prämonstratenserorden seit Anfang eine warme kindliche Liebe zu Maria, ohne welche die Gestalt eines hl. Hermann Joseph nicht denkbar wäre. Fast alle Kirchen, die sie erbauten, sind Marienkirchen, und diese Liebe zur himmlischen Mutter ist es, die der Himmelskönigin einen so großen Platz in den Tagzeiten einräumt. Der Orden hat ein eigenes Marianisches Offizium neben dem Breviergebet, in jedem Kloster wird täglich eine hl. Messe von der Mutter Gottes gefeiert, täglich werden der Rosenkranz und die lauretanische Litanei nach der Komplet gebetet. Die Antiphon am Fest der Unbefleckten Empfängnis soll schon vom hl. Norbert verfaßt sein: «Sei gegrüßt, Jungfrau, die du durch Vorsorge des Hl. Geistes ohne Schaden triumphiert hast über die Sünde des ersten Menschen!»

Wir wollen den Heiligen bitten, daß er unseren im Glauben getrennten Brüdern die zwei kostbaren Schätze wieder erbitte, die so wesensmäßig zusammengehören: Das Altarsakrament und das Marienbild!

Gebet zum hl. Norbert. Heiliger Herr, allmächtiger Vater, ewiger Gott, es ist würdig und recht, billig und heilsam, daß wir Dir immer und überall Dank sagen, der Du zur größeren Ehre Deines Namens den heiligen Norbert, Bekenner und Bischof, in Deiner Kirche erweckt und ihn zum emsigen Prediger des Glaubens und wunderbaren Verfechter des eucharistischen Geheimnisses und der Unbefleckten Empfängnis eingesetzt hast, um durch seinen Dienst das Volk mit höherem Licht zu erleuchten und die Liebe, die in den Herzen erkaltete, zu beleben. Erwecke in Deiner Kirche den Geist, dem der hl. Norbert gedient hat, damit wir das lieben, was er geliebt, und das im Werke vollbringen, was er gelehrt hat, durch Christus, unsern Herrn. Amen.

DIE HL. BIRGITTA VON SCHWEDEN

Stifterin der Birgittinnen

Kein Stand und Beruf ist von hoher Begnadigung ausgeschlossen. Und es wäre verwunderlich, wenn gerade die Mütter und Frauen unter denen fehlen würden, welche nicht nur Maria besonders verehren, sondern auch durch sie reich gesegnet und ausgezeichnet werden, war doch Maria als wahre Mutter vertraut mit allem Mutterleid und aller Mutterfreude. Unter diesen Lieblingen der Gottesmutter ist auch die hl. Birgitta von Schweden, die selbst als siebentes Kind einer frommen Familie um das Jahr 1303 geboren, später in vorbildlicher christlicher Ehe vier Söhne und vier Töchter für Gott erzog, aber darüber hinaus durch die Stiftung eines Ordens geistige Mutter vieler tausend Jungfrauen wurde.

Birgitta wuchs in allen Annehmlichkeiten eines großen Herrenhofes auf und war nicht wenig stolz auf ihre königliche Abstammung. Aber schon mit acht Jahren sollte ein anderer Ehrgeiz in ihr geweckt werden: eine Große zu werden im Reiche Gottes. In einer Nacht erwachte Birgitta und erblickte ihrem Bett gegenüber einen herrlichen Altar, auf welchem Maria in lichtstrahlendem Gewande stand und, eine kostbare Krone in der Hand haltend, zu dem erstaunten Kinde sprach: «Komm, Birgitta!» Die Kleine sprang eilends aus dem Bett, lief zum Altare und sank der Himmelskönigin zu Füßen. Maria fragte: «Willst du diese Krone haben?» Da neigte das Kind in sprachlosem Erstaunen sein Haupt und streckte die Händchen nach der Krone aus, die ihm Maria aufs Haupt setzte, und das Kind merkte, wie sich der glänzende Reif fest um seine Schläfe legte.

In Erinnerung daran tragen die Birgittinnen — in Bayern ist ein Birgittinnenkloster in Altomünster — über ihrem schwarzen Schleier eine Krone aus weißen Leinenstreifen mit roten Tupfen zum Gedächtnis der hl. fünf Wunden.

Es ist nicht übertrieben, wenn ihr Lebensbeschreiber sagt: «Wenn sie der Gottesmutter gedachte, lebte ihr Geist auf, ihr Herz jubelte in Freude, die ganze Seele war selig erfüllt mit himmlischer Sehnsucht. In

Maria hatte sie alle Hoffnung gesetzt und wollte von ihr nicht lassen im Leben und im Tode.»

Aber schon ein Jahr später sollte sie erfahren, daß die goldene Krone nur durch Kreuz und Leid zuteil wird. Als sie eine Predigt über das Leiden Christi gehört hatte, kniete sie die Nacht hindurch, vor Kälte zitternd, in Tränen vor einem Kruzifix und glaubte die Stimme des Gekreuzigten zu hören: «Sieh her, wie bin ich verwundet worden!» Voll Entsetzen rief sie: «O Herr, wer hat dir das getan?» und erhielt die Antwort: «Das taten alle jene, die mich verachten und meine Liebe vernachlässigen.»

Auf Wunsch ihres Vaters heiratete sie einen frommen Fürsten, der mit ihr eins war im Glauben und in Hochachtung der Sitte. Gemeinsam beteten und fasteten sie als Mitglieder des Dritten Ordens, speisten jeden Tag 12 Arme und lasen die Bibel. Je höher beide emporstiegen, desto mehr dachten sie an ihre Verantwortung vor Gott; und als die Kinder ihrer Pflege nicht mehr bedurften, pilgerten sie zu den Heiligtümern der Christenheit. Zuletzt nahm ihr Gatte aus Dankbarkeit für die Errettung aus schwerer Krankheit das Ordenskleid mit Zustimmung Birgittas. Vier Jahre später war er tot, und Birgitta war auf der Scheitelhöhe des Lebens Witwe geworden. Fern der Welt, in der Nähe seines Grabes, empfing sie die ersten Offenbarungen, die bis zu ihrem Tode dauerten. Der Herr befahl ihr auch die Stiftung eines Ordens vom allerheiligsten Erlöser und gab ihr selbst die Regel. Das erste Kloster sollte ihr Stammschloß zu Wadstena werden. In einer Vision hatte Birgitta Maria geschaut, die zu Christus sprach: «Mein Sohn, gib mir den Ort Wadstena!» Alsdann erschien Satan und machte aus verschiedenen Gründen sein Anrecht auf diesen Ort geltend. Der Herr selbst entschied den Streit und sagte: «Meine Mutter, dein Feind ist lange Zeit Herr an diesem Ort gewesen, von nun an aber wirst du hier Gebieterin und Königin sein.»

Auf Befehl des Herrn reiste sie nach Rom und litt dort wie alle Nordländer furchtbar unter dem Greuel der Verwüstung an heiliger Stätte. Während sie arm die ihr vom Herrn gegebene Regel bereits verwirklichte, richtete sie eine Botschaft nach der andern an den Papst und befahl ihm, im Auftrag Gottes von Avignon nach Rom zurückzukehren. Die endgültige Rückkehr der Päpste sollte erst Katharina von Siena erreichen. Während sie in Rom furchtlos die Pestkranken pflegte, wuchs in der fernen Heimat das Kloster Wadstena empor, das die Gründerin nicht mehr sehen sollte. Zweimal erschien ihr die Gottesmutter und versicherte ihr, daß sie geistig nicht sterben werde. Bis zu ihrem Tode fast immer in verzückter Vereinigung mit Gott, nahm sie in der Morgenfrühe des 23. Juli 1373 Abschied von ihren Kindern und starb wachen Geistes.

Eine ihrer Offenbarungen über Maria gab ihr Christus der Herr selbst mit den Worten: «Meine Braut! Meine Mutter ist wie eine leuchtende Flamme, mit der die erloschenen Lichter wieder angezündet werden. So werden durch ihre Liebe diejenigen wieder lebendig, die in Sünden bereits erstorben waren, denn die Süßigkeit ihrer Worte ist so groß für mich, daß ich nicht versagen kann, um was sie bittet.» Sie selbst hat das, wenn auch für ihr Mutterherz schmerzlich, erfahren, als sie ihr Sohn Karl auf einer Pilgerfahrt ins Heilige Land begleiten wollte. Dabei kamen sie an den Hof der verwitweten Königin von Neapel, die so von ihrem Sohn, der doch bereits verheiratet war, gefangen wurde, daß sie allen Ernstes versuchte, ihn zu ehelichen. Birgitta wandte sich an Maria, und nach wenigen Tagen wurde Karl krank und starb in Neapel. Maria offenbarte ihr: «Ich stand neben deinem Sohne, damit er die irdische Liebe nicht im Gedächtnis habe und nichts tue, was Gott mißfallen hätte.» So machte Birgitta wahr, was sie einst sprach: «Sei gebenedeit, o Maria, Mutter Gottes und gebenedeit sei auch dein Sohn Jesus Christus wegen all der Freude, die er mir dadurch gegeben hat, daß du eine Mutter bist. Er selbst weiß es, daß Maria, die Tochter Joachims, mir lieber ist als die Kinder des Ulpho (das war ihr Mann) und der Birgitta.»

Gebet der hl. Birgitta zu Maria. O meine Herrin, Königin des Himmels, so sehr frohlockt mein Herz darüber, daß der höchste Gott dich als Mutter erwählt hat und dir solche Würde schenken wollte, daß ich mir lieber erwählte, in der Hölle ewig gepeinigt zu werden, als daß du auch nur eines Pünktchens deiner Herrlichkeit beraubt wärest...

O Mutter Christi, du hast Freude beschert einer jammervollen Welt. Komm uns zu Hilfe, Jungfrau, Weg zur himmlischen Heimat, Königin mit der Tugendkrone geschmückt. Gottgesegnete Jungfrau, sei uns Schutz wider den bösen Feind. Stern des Meeres mit dem Kinde lieb, uns allen deinen Segen gib! Jungfrau, durch deines Sohnes Kreuz und Leid sei uns Fürsprecherin beim himmlischen Vater. Königin der Engel, führe uns gnädig ein in des himmlischen Reiches Herrlichkeit. Amen.

Ablaßgebet zur heiligen Birgitta. Mit großem Vertrauen kommen wir zu dir, heilige Birgitta, und bitten dich in diesen Zeiten der Feindseligkeit und des Unglaubens um deine Fürsprache zugunsten derer, die getrennt sind von der Kirche Jesu Christi. Um der klaren Erkenntnis willen, die du vom bitteren Leiden unsres gekreuzigten Heilands, dem Kaufpreis unsrer Erlösung, hattest, bitten wir dich: Erflehe allen, die nicht der einen Herde angehören, die Gnade des Glaubens, auf daß die verirrten Schäflein zurückkehren zum einen wahren Hirten, zu unserem Herrn Jesus Christus. Amen.

Heilige Birgitta, unermüdlich im Dienste Gottes, bitte für uns!

Heilige Birgitta, geduldig in Leiden und Demütigungen, bitte für uns!

Vater unser. Gegrüßet seist du, Maria. Ehre sei dem Vater.

DER HL. FRANZ VON SALES

Stifter der Schwestern von der Heimsuchung

Als ältestes von 12 Kindern war Franz schon vor der Geburt von seiner frommen Mutter der seligsten Jungfrau geweiht worden. Mit ungewöhnlicher Inbrunst wiederholte sie diese Weihe am Feste Mariä Himmelfahrt nach der hl. Kommunion. Während der ganzen Festoktav war ihr Herz erfüllt von diesem Mariengeheimnis; und noch in der Oktav gebar sie ein Siebenmonatskind, das ein so leuchtender Heiliger und Marienverehrer werden sollte. Seine ersten Worte, die er als Kind aussprechen konnte, waren: Jesus und Maria.

Sein Vater erzog die Söhne mit soldatischer Strenge, denn ihm galt es als das Höchste, den frommkatholischen Geist der Familie gerade in den notvollen Zeiten hochzuhalten, in denen der Kalvinismus wie eine Sturmwelle jene Gegend überflutete. Es nimmt wunder, daß sich Franz dabei die Fröhlichkeit der Kindheit bewahrte. Obwohl er in Paris während seines Studiums in einem Hotel wohnte und als echter Kavalier auftrat, begann er mit Ernst und Ausdauer das Studium, wobei er schon nebenbei theologische Vorlesungen hörte. Durch tägliche Betrachtung, Fasten und Bußgürtel, durch achttägige Beichte und Kommunion stützte er seinen Charakter. Mit 17 Jahren überfiel ihn unter dem Einfluß des Kalvinismus die furchtbare Versuchung, er werde verdammt, und dämonische Einflüsse steigerten diesen inneren Kampf bis zur Verzweiflung. So flüchtete er eines Tages in die Kirche zu einem Bild der seligsten Jungfrau und rief in seiner Herzensnot: «Ich soll dich also nicht sehen im Reiche deines Sohnes? Dann will ich wenigstens alle Augenblicke dieses Lebens benützen, um dich zu loben und zu preisen.» Dann ergriff er das beim Marienbild liegende Gebetstäfelchen und flehte mit dem Memorare des hl. Bernhard zu Maria, sie möge ihm die Herzensruhe wieder schenken. Dann gelobte er ewige Jungfräulichkeit und versprach zur Erinnerung an dieses Gelübde täglich den Rosenkranz zu beten. Wie mit einem Ruck durchströmte nach diesem Gelübde den hl. Franz von Sales das Gefühl der Befreiung, der Friede war wieder da, um nie mehr gestört zu werden. Von nun an betete er jeden Tag den Rosenkranz und das Memorare und nannte es «meine Dienstpflicht am Hofe der Königin.»

Als er nach sechsjährigem Aufenthalt in Paris zurückkehrte, war er kein Student im üblichen Sinne mehr, sondern ein gereifter Mann, der sowohl im Kampf mit Raufbolden wie in der Disputation mit Gelehrten seinen Mann stellte. Vor allem hatte er sich bereits jetzt schon weitgehend in der Hand, und aus dem kleinen Hitzkopf wurde einer der sanftmütigsten Heiligen, der zu einem seiner Feinde sagen konnte: «Wenn Sie mir das eine Auge herausreißen, werde ich Sie mit dem anderen noch liebevoll anblicken.»

Die Heiratspläne, die sein Vater für ihn ausdachte, nachdem er den Doktorhut erlangt hatte, setzte er bald matt, indem er nach einem abschließenden theologischen Kurs — er hatte ja nebenbei immer schon Theologie studiert — sich zum Priester weihen ließ. Auch hier leuchtete wieder seine Marienliebe hindurch. Was er in dem berühmten Büchlein «Philothea», einer Anleitung zum inneren Leben, über die Jungfräulichkeit schreibt, hat er an sich selbst durchlebt. «Wenn ihr das Glück habt, zur keuschen und jungfräulichen Hochzeit des Lammes berufen zu sein, dann spart euere ganze Liebe mit aller nur möglichen Sorgfalt für den himmlischen Bräutigam auf. Er ist ja die Reinheit selbst und liebt so sehr die Reinen. Ihm gebühren die Erstlinge edler Werke, vorzüglich aber die erste Liebe.»

Nach schweren Seelsorgsjahren in einem irregeleiteten Dorf wurde er Bischofkoadjutor und nach dem Tod des Bischofs selbst Oberhirte. Auch da war er unermüdlich in Predigt und Beichtstuhl, 4000 Predigten hat er als Bischof gehalten und 20 000 Seelsorgsbriefe geschrieben. Da er überzeugt war, daß die Unwissenheit des Volkes am Abfall vom Glauben schuld war, führte er die Christenlehre ein und schenkte der Ausbildung des Klerus hohe Beachtung. Von ihm stammt das Wort: «Die Wissenschaft ist bei einem Geistlichen das achte Sakrament.»

Eine innige Freundschaft verband ihn mit der hl. Franziska von Chantal, die auf seinen Rat und unter seiner Mitwirkung die Genossenschaft der Schwestern von der Heimsuchung Mariä gründete, aus der die hl. Margareta Alacoque hervorging, die Sendbotin des Herzens Jesu. Die nach ihm benannten Salesianer aber sind eine Stiftung des hl. Don Bosco. Von seinem Freund, dem hl. Vinzenz v. Paul, stammt das Wort: «Mein Gott, wenn schon der Bischof von Genf so gut ist, wie gut mußt dann Du erst sein!»

Treue im Kleinen, Geduld haben mit sich, Geduld haben mit anderen — das ist der Geist, den Franz von Sales ganz aus dem Herzen Mariä schöpfte. Am Fest der Unschuldigen Kinder 1622 starb er, erst 55 Jahre alt. Schon 40 Jahre nach seinem Tode wurde er heiliggesprochen, Pius XI. hat ihn allen Schriftstellern zum Patron gegeben.

Gebet des hl. Franz von Sales zu Maria. Gedenke, o allerseligste Jungfrau, daß du meine Mutter bist und daß ich ein armseliges Geschöpf bin, elend und schwach. O allerliebste Mutter, ich flehe zu dir: leite und beschirme mich auf allen Wegen und in allen meinen Handlungen. Sage nicht, du könntest mir nicht helfen. Dein Sohn hat dir alle Macht gegeben. Sage nicht, daß du nicht verpflichtet bist, mir zu helfen, denn du bist die allgemeine Mutter aller Menschen und besonders die meine. Wenn du mir nicht helfen könntest, so würde ich dir das nicht verübeln, sondern sagen: Es ist allerdings wahr: sie ist meine Mutter, und sie hat mich auch als ihr Kind lieb; aber ihre Armut gestattet nicht, andern zu helfen. Und wärest du meine Mutter nicht, so müßte ich mich dreingeben und sagen: sie ist zwar reich genug, sie könnte mir helfen, aber sie ist leider nicht meine Mutter, sie liebt mich nicht. Da du aber nun, o süßeste Jungfrau, doch meine Mutter und zugleich reich und mächtig bist, so bleibt dir tatsächlich nichts anderes übrig, womit du dich entschuldigen könntest, wenn du mir nicht hilfst. Du siehst also doch wohl selbst die Notwendigkeit, alle meine Bitten zu erhören. Amen.

Gebet der Ganzhingabe des hl. Franz von Sales. Ich weihe und übergebe Gott alles, was in mir ist, mein Gedächtnis und meine Handlungen Gott dem Vater, meinen Verstand und meine Worte Gott dem Sohne, meinen Willen und meine Gedanken Gott dem Hl. Geiste, mein Herz, meinen Leib, meine Zunge, meine Sinne und alle meine Leiden der hochheiligen Menschheit Jesu Christi. Er hat sich willig den Händen der Feinde überliefert und die Marter des Kreuzes auf sich genommen.

DER HL. KARL BORROMÄUS

Stifter der Borromäerinnen

Wir hörten gestern von dem großen Ordensstifter eines weiblichen Ordens, vom hl. Franz von Sales. Ebenfalls nach der Regel des hl. Franz von Sales lebt heute die Kongregation der Barmherzigen Schwestern vom hl. Karl Borromäus. Dieser Mailänder Bischof ist der himmlische Patron dieser Ordensgesellschaft, in dessen Geist und Absicht sie ganz einging und dessen Lieblingsgedanken sie verkörpert. Vom 11. bis 17. Jahrhundert kannte man in der Kirche nur religiöse Frauenorden von strenger Klausur. Der hl. Karl Borromäus aber war der erste, der in seiner Bischofsstadt eine weibliche Kongregation ins Leben rief, die sich außerhalb der Klausur den Werken christlicher Nächstenliebe widmete. Da sie aber den damaligen Ansichten vollständig widersprach, hatte sie keinen Bestand, und erst nach den Verheerungen des 30jährigen Krieges entstand 1652 die Kongregation der Barmherzigen Schwestern vom hl. Karl Borromäus, die seine Idee wiederaufnahm, so daß der hl. Erzbischof von Mailand der geistige Vater dieser Schwestern genannt werden kann.

Auch hier offenbart sich wieder die praktische Marienverehrung eines Heiligen, der in der dienenden Mutter Gottes bei Elisabeth das Vorbild für seine Gründung fand.

Karl Borromäus stammte aus einer adeligen frommen Familie. Allen Lockungen der Glaubensneuerer zum Trotz blieb Karls Vater dem Glauben treu, verrichtete täglich mit seiner ganzen Familie kniend das Morgen- und Abendgebet, ging jeden Sonntag zur hl. Kommunion und trug mit eigner Hand Brot und Fleisch zu den Armen. Kein Wunder, daß der Sohn auch in die Fußstapfen des Vaters trat. Nachdem er mit Auszeichnung seine Studien absolviert hatte, wurde der 22jährige Doktor der Rechte Kardinal, obwohl er noch nicht Priester war. Sein Onkel war nämlich Papst geworden und überhäufte den frommen Neffen mit Würden und Ämtern. Karl wurde dadurch weder hochmütig noch genußsüchtig, sondern verwandte alle Einkünfte zugunsten der Armen. Nachdem er zum Priester geweiht war, widmete er sich viele Stunden dem Gebet, unterzog sich geheimen Bußübungen und nützte dem römischen Stuhl durch sein Beispiel mehr als alle Konzilsbeschlüsse. Gerade um das Konzil von Trient aber machte sich Karl sehr verdient. Es litt ihn nicht am römischen Hofe, sondern er widmete seine ganze Kraft der Diözese Mailand, die ihm inzwischen übertragen worden war. Er traf unbeschreiblich traurige Zustände an. Für fromm wurde angesehen, wer einmal im Jahr kommunizierte, für gut unterrichtet, wer die 10 Gebote und das Vaterunser kannte. Das Volk war sittenlos, denn viele Pfarrstellen waren unbesetzt, die Pfarrhäuser ausgeplündert. Selbst aus dem bischöflichen Palast mußte Karl 100 Fuhren Unrat wegschaffen lassen.

Es gehörte eine unsagbare Geduld dazu und viel Klugheit, um hier Wandel zu schaffen. Aber in wenigen Jahren hatte er seine Diözese vollständig erneuert. Das Geheimnis seines Erfolges war nicht nur sein heiliges Leben, sondern vor allem auch die Hilfe der Gottesmutter, die er nicht nur selbst innig verehrte, sondern deren Verehrung er ungemein förderte.

Wenn Karl sein Brevier kniend verrichtet hatte, schloß sich gleich der Rosenkranz an. Wo immer er sich befand, kniete er nieder, auch im Schmutz der Straße, sobald es den Engel des Herrn läutete. In allen Pfarreien seines Bistums wünschte er die Rosenkranzbruderschaft eingeführt, und über jedem Haupteingang der Kirchen seines Sprengels ließ er ein Marienbild anbringen, um den Gläubigen begreiflich zu machen, man könne nicht leichter Zugang zum Herrn finden als durch Maria. In der Domkirche zu Mailand weihte er eine eigene Marienkapelle und errichtete darin die Rosenkranzbruderschaft. Alle ersten Monatssonntage fand mit einem Marienbild eine feierliche Prozession im Dom statt, bei welcher der Rosenkranz gebetet wurde. Besonders das Fest Mariä Geburt, welches das Patrozinium des Domes ist, feierte er in hervorragender Weise, und er scheute sich nicht, weite Reisen zu machen, um an diesem Tage daheim zu sein. Wir haben noch eine ergreifende Betrachtung erhalten, die er am Vorabend von Mariä Geburt gehalten hat. Er brachte auch eine Ausgabe des marianischen Offiziums heraus, führte die marianischen Kongregationen ein und begünstigte die Wallfahrtsorte. Aus Liebe zu Maria ließ er auch das Fest der hl. Anna feiern. An allen Vorabenden der zahlreichen Marienfeste fastete er bei Wasser und Brot.

Karl Borromäus sah in Maria das stärkste Bollwerk gegen die

Häresien; und Maria half ihm diese in seiner Diözese zu überwinden trotz der schlimmsten Anfeindungen, Nachstellungen und Verleumdungen. Er übte ja auch keine Marienverehrung nur mit den Lippen. Man sagte von ihm, er habe am Reichtum seiner Familie nicht mehr Anteil gehabt als ein Haushund: Wasser und Brot und ein Strohlager. Er war der Bischof der Armen, ruhte täglich nur ein paar Stunden auf Stroh und trug abgenützte Kleider. Alles schenkte er her, so daß er oft nicht mehr das Nötigste hatte. Als 1576 die weltlichen Behörden aus der Stadt flohen, harrte er bei den Pestkranken aus und pflegte sie. In Eile baute er sechs Spitäler und sorgte für bessere sanitäre Verhältnisse. Mit nackten Füßen und einem Kreuz in den Armen führte er die Pestprozession an. Namenlos war deshalb die Trauer, als der heilige Karl Borromäus an den Folgen eines heftigen Fiebers starb, erst 47 Jahre alt. Mit einem grauen Bußkleid angetan, ließ er sich in den einfachen Sarg legen. Unter dem Schutz und der Fürbitte der Gottesmutter hatte Karl jene uneinnehmbare Festung des katholischen Glaubens gebaut, die bis auf den heutigen Tag den alten Glauben gegen die protestantischen Nachbarn hochgehalten und verteidigt hat. Luther kannte nur ein Zerrbild der Kirche, Karl Borromäus hat es berichtigt, das ist sein bleibendes Verdienst in der Kirche.

Gebet des hl. Karl Borromäus, das er stets nach der hl. Messe verrichtete.
O hoheitsvolle Jungfrau und Mutter des Herrn Jesus Christus, die du würdig befunden wardst, in deinem gebenedeiten Schoß den Schöpfer aller Dinge zu tragen, denjenigen, dessen allerheiligstes Fleisch und Blut auch ich empfangen habe, würdige dich, für mich bei ihm Fürsprache einzulegen, daß dieser dein viellieber Sohn, dein höchst vollkommenes Gebet erhörend, mir alle Fehler verzeihe, die ich beim Empfang dieses unaussprechlich erhabenen Sakramentes aus Unwissenheit, Nachlässigkeit und Unehrerbietigkeit im Tun oder Unterlassen begangen habe. Amen.

DER SELIGE P. JULIAN EYMARD

Stifter der Eucharistiner

Es war am 13. Mai 1856, da gingen zwei Priester, erregt sich unterhaltend, auf eine Kirche in Paris zu. Der eine war der Selige dieses Tages, der seit 17 Jahren der Gesellschaft Mariä angehörte und in ihr höchste Ämter bekleidete, der andere war ein Graf, früher Fregattenkapitän. Die beiden hatten vom Erzbischof die Erlaubnis erhalten, in einer eigenen Genossenschaft die Verehrung der Eucharistie und das Kommunionapostolat zu pflegen. Dankerfüllt knieten sie am Sakramentsaltar nieder, um sich dem Dienste des eucharistischen Königs zu weihen. Dann sprachen beide ein Magnifikat um den Schutz Mariens für das Werk, das Maria selbst gewünscht hatte. Die Gesellschaft der «Eucharistiner» sollte eine Ehrengarde sein, die in immerwährender Anbetung für den Herrn im Sakrament bereitsteht und bittet, daß er in diesem Geheimnis immer mehr erkannt, geliebt und angebetet werde. Damit war das Zeitalter der Eucharistie eingeleitet, das Geheimnis, das so innig verbunden ist mit Maria.

Dieser entscheidende Tag ist für die Genossenschaft der Eucharistiner ein steter Gedenktag, denn für diesen Tag hat der Hl. Stuhl das Fest Unserer Lieben Frau vom heiligsten Sakrament mit einer eigenen hl. Messe genehmigt. Dieser Ehrentitel, den P. Eymard der Gottesmutter gibt: «Unsere Liebe Frau vom heiligsten Sakrament», ist inzwischen von der Kirche anerkannt und mit einem Ablaß begnadet worden.

Die fromme Mutter trug ihren kleinen Peter Julian schon als Säugling oft zur Kirche und empfahl ihn dem göttlichen Heiland. Als Fünfjähriger war er einst von daheim weggelaufen, und seine Schwester fand ihn schließlich hinter dem Altar auf einem Schemel. «Hier bin ich Jesus näher und höre ihn besser», sagte er auf die Frage, was er hier tue. Nach einer heiligen Jugend, in viel Gebet und Bußübungen, gelangte Peter Julian 1834 zum Priestertum. Zwei Stunden bereitete er sich für die hl. Messe vor, und zwei Stunden hielt er Danksagung. Seine Liebe zu Maria führte ihn wenige Jahre später zur Gesellschaft

Mariä, in der er 17 Jahre für seine himmlische Mutter wirkte und es bis zum Provinzial brachte. Unzählige Male wallfahrtete er zu dem einen oder anderen marianischen Wallfahrtsort.

Aber gerade aus seiner Marienliebe heraus wuchs eine immer glühendere Andacht zu Jesus im heiligsten Sakrament, so daß er einst zu Maria sprach: «Jedes Geheimnis wird verherrlicht durch eine eigens dafür gegründete Gesellschaft. Nur die Eucharistie, das größte aller Geheimnisse, hat noch keinen ihr geweihten Orden.» Und Maria selbst ermunterte ihn am Lichtmeßtage des Jahres 1851, daß er eine Gesellschaft gründe, die sich ganz der Verehrung des Altarssakramentes weihen solle. So wurde aus dem Maristenprovinzial der Stifter der Eucharistiner und einer Frauengenossenschaft, der «Dienerinnen vom allerheiligsten Sakrament». Am 6. Januar 1857 war in Paris die erste feierliche Aussetzung, nachdem er vom Hl. Vater und von Bischöfen die Anerkennung seines Werkes erreicht hatte.

Da der Selige alles auf das heiligste Sakrament bezieht, so sieht er auch die Andacht zur Gottesmutter unter diesem Gesichtswinkel. Er wirbt für die Verehrung Mariens unter dem Titel, den er 1868 erstmals öffentlich nannte: Unsere Liebe Frau vom allerheiligsten Sakrament. Sie wird als das herrlichste Vorbild in der Erfüllung unserer Pflichten gegenüber der hl. Eucharistie hingestellt. Niemand hat das hl. Sakrament so verherrlicht, so innig geliebt und so andächtig empfangen wie sie nach der Himmelfahrt des Herrn. Unter dem Titel «Unsere Liebe Frau vom heiligen Sakrament» verehren heute viele Gläubige die Königin des Abendmahlssaales als die Lehrmeisterin der Anbeter, als die Führerin zum eucharistischen Christus. Im gleichen Jahre, da P. Eymard diesen Titel Mariens verkündete, gab er selbst als Herold des eucharistischen Gottkönigs seine Seele dem Schöpfer zurück. Nach Jahren fand man seinen Leib noch unverwest, und die Kirche hat ihn am 12. Juli 1925 seliggesprochen.

Seiner Kongregation gab der Diener Gottes einzig den Zweck, dem in der Eucharistie gegenwärtigen Gottmenschen zu dienen. Das sollte geschehen durch ununterbrochene Anbetung, bei Tag und bei Nacht, weil er Gott ist. Ihm sollte sie dienen durch das Apostolat, weil die Eucharistie eingesetzt ist für die Seelen. Das heiligste Sakrament sollte ihnen Vorbild und Quell der eigenen Heiligkeit wie auch Mittel und Ziel der apostolischen Tätigkeit sein. Diesem Zweck dient auch der Priesteranbetungsverein.

P. Eymard suchte selbst in all seinen Leiden und Prüfungen Trost bei der hl. Hostie. «Ich bin der Taglöhner Gottes, seine Sache ist es also, mich zu führen und für mich zu sorgen, meine Sache ist es zu gehorchen und auf ihn zu vertrauen. Was liegt an allem anderen, wenn nur der Heiland auf meiner Seite ist. Gebt mir eine heilige Hostie, und ich bedarf keines Menschen!»

Schon längst vor den Kommuniondekreten predigt er: «Du mußt kommunizieren, nicht weil du heilig bist, sondern damit du heilig werdest!» «Willst du ohne Kommunion vorwärtskommen? Aber mein bedauernswerter Bruder, die christliche Überlieferung verurteilt dich. Bete nicht mehr das Vaterunser, da du darin um das tägliche Brot bittest, dessen du doch entbehren willst.»

Und die Bedeutung der Eucharistie für unsere Zeit umschreibt er mit den Worten: «Die Eucharistie ist nicht nur das Leben des einzelnen Christen, sie ist auch das der Völker. Ein Jahrhundert schreitet fort oder geht zurück in dem Maße, in dem das allerheiligste Sakrament verehrt wird. Hier zeigt sich sein Leben, danach bemißt sich sein Glaube, seine Liebe, seine Tugend. Überlassen wir uns dem Einflusse der eucharistischen Sonne, und die Erde wird erneuert werden.»

So sehen wir am Leben dieses Seligen die innige Verbindung von Maria und Eucharistia, es sind die zwei Rettungsanker der Welt, und eins bedingt das andere. Keiner liebt Maria, der nicht auch die heilige Eucharistie liebt, und durch nichts werden wir unserer himmlischen Mutter mehr Freude machen, durch nichts ihr näherkommen als durch dieses heiligste Sakrament, hochgelobt in Ewigkeit.

Aus der hl. Messe zu Unserer Lieben Frau vom heiligsten Sakrament.
Herr Jesus Christus, Du hast Dich gewürdigt, Deinen Leib, den Du von Maria der Jungfrau angenommen hast, in diesem wunderbaren Sakramente uns zu schenken. Verleihe, daß wir auf ihre mütterliche Fürbitte hin dieses große Geheimnis so feiern, daß wir der zukünftigen Herrlichkeit teilhaftig werden. Laß uns mit Hilfe der unbefleckten Jungfrau Maria in der Gemeinschaft des Brotbrechens verharren, daß wir, vom eucharistischen Geiste erfüllt, das Reich Deiner Liebe mit ständigem Eifer fördern.

Jungfrau Maria, du Unsere Liebe Frau vom heiligsten Sakrament, du bist der Ruhm des christlichen Volkes, die Freude der ganzen Kirche, das Heil der Welt. Bitte für uns, und wecke in allen Christgläubigen eine innige Verehrung zum heiligen Sakrament, damit sie würdig werden, es täglich zu empfangen. Amen.

DER HL. KAMILLUS VON LELLIS

Stifter der Kamillianer

Wer denkt heute noch daran, daß von der Kamillianerkirche della Madonnina in Ferrara, in Italien, die feierliche Maiandacht der ganzen Pfarrgemeinde ausging, die im Sturm die Herzen der Gläubigen eroberte! Mag das auch das Werk seiner Jünger sein, in ihrem Geist lebt der hl. Kamillus weiter, dieser große Marienverehrer und Freund der Kranken. Weder das eine noch das andere hätte man in ihm vermutet. Als spätgeborenes Kind hatte er früh seine Eltern verloren, hünenhaft gewachsen, völlig verarmt und ohne einen Halt, nahm er das erprobte Schwert seines Vaters auf und lief den Werbern Venedigs nach, lernte in sieben Sprachen fluchen und verfiel so der Spielwut, daß er immer wieder bis aufs Hemd ausgeplündert wurde. Aus Not nahm er schließlich beim Bau eines Kapuzinerklosters die Arbeit eines Eseltreibers an. Dabei kam der Sturm der Gnade über ihn. Wer anders konnte sie ihm vermittelt haben als die, welche er seit Kindestagen verehren lernte, denn er stammte ja aus Loreto, dem berühmten Wallfahrtsort, welcher der lauretanischen Litanei den Namen gab.

Seine alten Wunden zwangen ihn, in Rom am Jakobshospital um Aufnahme zu bitten. Während die Wunde langsam vernarbte, tat er selbst Krankendienst, und der Riese wurde behutsam wie eine Mutter, und seine Hände waren geschickt wie die eines Arztes. Nie vergaß er ein gutes Wort und einen Hinweis auf Gott. Das war in römischen Spitälern eine ungewohnte Erscheinung, man pflegte die Kranken nur um des Geldes wegen. Und gerade das ekelte Kamillus an, daß er sich entschloß, mit fünf gleichgesinnten Gefährten einen Krankendienst in Liebe und um Gotteslohn aufzubauen. Der Riese, der nun einen schäbigen Habit statt des Harnisches trug, stieg mit großen Schritten über die Hindernisse hinweg, die man ihm in den Weg legte, und ertrug es sogar, daß sich sein Beichtvater, der fröhliche heilige Philipp Neri, von ihm abwandte. Ja, seinen Kranken zuliebe, denen er nicht nur billige Trostworte geben wollte, setzte er sich noch einmal auf die Schulbank und wurde mit 34 Jahren zum Priester geweiht.

Das kleine Haus am Tiberufer, wo Kamillus mit seinen Helfern seit dem Jahre 1585 wohnte, war dem armen Volk bald bekannt, und ebenso die Bewohner des Hauses, die überall erschienen, wo die Menschen in Schmutz, Hunger und Krankheit umgekommen wären. So bestätigte Sixtus V. im Jahre 1586 ihre Gemeinschaft mit verpflichtender Regel und erlaubte ihnen sogar, auf dem Mantel ein rotes Kreuz als Zeichen der kirchlichen Sendung zu tragen. Wenige Jahre später wurde die Genossenschaft zum Orden erhoben, welcher außer den gewöhnlichen Gelübden noch das Gelübde verlangte, die Pestkranken zu pflegen. Am Fest Mariä Lichtmeß hatte Kamillus seine Bekehrung empfangen, am Fest Mariä Himmelfahrt war ihm der Gedanke der Ordensgründung gekommen, und am Fest der Unbefleckten Empfängnis hatte er die feierlichen Gelübde abgelegt. So stellte denn Kamillus den ganzen Orden unter den Schutz Mariens und bestimmte das Fest der Unbefleckten Empfängnis zum Hauptfest. Seine erste hl. Messe wollte er an einem Marienaltar lesen. Mit Abtötungen und frommen Übungen bereitete er sich auf die Marienfeste vor. Gern machte er Umwege, um ein Marienheiligtum zu besuchen, und grüßte Maria herzlich in ihren Bildern und Bildstöcken. Öfter wallfahrte er wieder nach Loreto, wo er sich gar nicht vom hl. Hause trennen konnte. Bei seiner Abreise grüßte er es, solange es in Sicht war. Mehrmals am Tage betete er den Rosenkranz, und keine Beschäftigung machte ihm dies unmöglich. Dabei mußten ihm drei Stunden Nachtruhe genügen, weil er soviel Zeit für seine Kranken brauchte. Was er selbst tat, das forderte er auch von seinen geistlichen Söhnen, sowohl im Gebet als auch in der Krankenpflege. Als er einen Priester ohne Rosenkranz traf, rief er aus: «Ein Priester ohne Rosenkranz! Gott verzeihe euch, Bruder!» Die Vorschrift, täglich den Rosenkranz zu beten oder das Offizium der seligsten Jungfrau, nahm er in die Regel auf. Wohltätern und Gläubigen schenkte er geweihte Rosenkränze und Medaillen.

Von Maria erwartete er alle Gnaden. «Wehe uns», sagte er, «wenn wir nicht die große Beschützerin im Himmel hätten, sie ist die Schatzmeisterin aller Gnaden, die uns von Gott zukommen.» Wenn er den Sterbenden beistand, rief er ständig zu ihr um ihren mütterlichen Beistand. «Gütige Mutter», flehte er, «um deiner Standhaftigkeit willen am Fuße des Kreuzes, als du deinen heiligsten Sohn gekreuzigt und tot sahest, erbitte mir die Gnade, daß meine Seele gerettet werde!» Eine klare Sprache redet in dieser Hinsicht das Bild, das er vor seinem Tode malen ließ und auf dem Maria das kostbare Blut ihres Sohnes für den am Fuß des Kreuzes knienden Kamillus dem himmlischen Vater aufopfert. Besser kann das Mutter-Kind-Verhältnis des hl. Kamillus zu Maria nicht dargestellt werden. Er sah in Maria das große Zeichen am Himmel, die von Ewigkeit her bestimmte Sachwalterin Gottes, die überall als die Morgenröte der Erlösung erscheint.

Als der Orden 1650 in große Schwierigkeit geriet und seine Existenz bedroht war, hat ihn Mariens auffallender Schutz gerettet, und darum wurde er nochmals feierlich der Gottesmutter geweiht.

Daß die Marienverehrung aber nicht etwa nur Lebensversicherung ist, sondern auch vom hl. Kamillus als letzte Hingabe an Christus aufgefaßt wurde, zeigt sein geistiges Testament, in dem er schreibt: «Ich lege meinen Willen in die Hände der Jungfrau Maria, der Mutter des allmächtigen Gottes, und möchte nichts anderes wollen, als die Königin der Engel will.» Und auf dem Sterbebett betete er: «Heiligste Mutter, erbitte mir von deinem Sohne die Gnade, jedes Übel gern zu dulden, und wenn das gegenwärtige nicht genügt, mir noch mehr Leiden zu schicken.» Wahrhaftig, eine heroische Marienverehrung, die das Kreuz nicht wegbeten wollte. Er konnte von sich sagen: «Ich esse das Brot der Schmerzen, denn Gott hat mich mit fünf Barmherzigkeiten gesegnet» — so nannte er die fünf schweren Leiden, an denen er zu tragen hatte und die niemand ahnte.

Bis zum letzten Augenblick wachen Geistes, ging er am 14. Juli 1614 ohne Todeskampf, nachdem er den Engel des Herrn gebetet hatte, mit den Worten «Jesus und Maria» auf den Lippen hinüber. Die Kirche hat das Lebenswerk des Heiligen gutgeheißen und ihn zum Patron der Kranken ernannt. Schon bald nach seinem Hinscheiden, am 15. Mai 1616, wurde in der Magdalenenkirche, der Begräbnisstätte des Heiligen, ein Marienbild aufgestellt, das von Fra Angelico gemalt ist und im Privatbesitz des großen Marienpapstes Pius V. war, der vor der Schlacht von Lepanto davor gebetet hat. Sehr früh wurde dieses Bild Madonna della salute, Maria, Heil der Kranken, genannt. Das kamillianische Gnadenbild ist das Bild der Mutter der Barmherzigkeit. Sie ist die vom Vater der Barmherzigkeit erwählte Frau, die er als Mutter und bräutliche Mitarbeiterin seines Sohnes bestimmt hat, sie ist die Mittlerin aller Gnaden, von ihr geht die Gründung des Ordens der Barmherzigkeit aus. In ihr wirkt sich das Geheimnis zartester, heiligster Liebe aus, in ihr zeigt Gott gleichsam ein Spiegelbild des

Vaters der Erbarmung, durch sie fordert er aber auch die gleiche Barmherzigkeit und Liebe seinen notleidenden und kranken Kindern gegenüber mit der Verheißung: was ihr dem Geringsten meiner Brüder getan habt, das habt ihr mir getan. Amen.

Gebet zum hl. Kamillus für die Kranken. Ruhmreicher hl. Kamillus, du bist der besondere Schutzpatron der armen Kranken. Vierzig Jahre hast du mit wahrhaft heldenmütiger Liebe dich ihrem Dienst geweiht und ihnen geholfen in ihren geistigen und leiblichen Nöten. Komm ihnen nun noch mehr zu Hilfe, da du im Himmel so glücklich bist und sie von der Kirche deinem wirksamen Schutz anvertraut wurden. Erbitte ihnen von Gott Genesung von ihren Krankheiten oder christliche Ergebung, damit sie immer heiliger werden und stark sind in der Stunde des Hinscheidens.

Erbitte auch uns die große Gnade, nach deinem Beispiel zu leben und zu sterben in der Übung der göttlichen Liebe. Amen.

Vater unser, Ave Maria, Ehre sei ...

DER HL. JOHANNES DE LA SALLE

Stifter der Schulbrüder

Kein Prophet ist angesehen in seiner Vaterstadt. Dieses harte Wort des Heilandes trifft auf den Heiligen zu, den die Kirche heute feiert und der uns wieder eine neue Seite der Marienverehrung zeigt bzw. eine Frucht derselben offenbart, und das ist die Liebe zur Jugend. Johannes Baptist de la Salle heißt der Mann, den die Kirche am 24. Mai 1900 in das Heiligenverzeichnis aufgenommen hat.

Geboren zu Reims 1651 als ältester Sohn eines adeligen Oberlandesgerichtsrates, talentvoll und gebildet, hätte er zu den höchsten Staatswürden aufsteigen können. Die fromme Mutter hatte aber durch die Fürbitte Marias die Sehnsucht nach dem geistlichen Stande in sein Herz gelegt. Die ersten Worte, die er stammeln konnte, waren «Jesus» und «Maria», und diese beiden heiligen Personen blieben seine Liebe durch das ganze Leben. Seine Zeit ist die des Sonnenkönigs Ludwig XIV. Es klafft ein Abgrund zwischen Adel und Bürgertum, Reichtum und Arbeit. Johannes ist inzwischen Priester geworden und erkennt die Not des Proletariats, das rechtlos, ungebildet und bettelarm ist. Der verwahrlosten Jugend wieder zu einem besseren, reineren Leben zu verhelfen, zu einem Wissen, das sie vorwärts bringt, und zum Glauben, der sie aufwärts führt, das ist nun sein Ziel. Wie Jesus und Maria muß auch er die Armen und die Kinder lieben. Um dieses Recht zu erkämpfen, sich zu den Armen neigen zu dürfen, werden die eignen Geschwister von ihm abrücken und die Gesellschaft wird ihn ausstoßen aus ihren Reihen. Im Jahre 1679 eröffnet Johannes die erste Armenschule für die Knaben. Nur wenige Lehrer scharen sich um ihn, er nimmt sie zum Zweck gemeinsamen Lebens und gemeinsamer Unterweisung in sein Haus auf und lädt dadurch den Zorn seiner Familie auf sich. Als er sein Erbe an die Armen austeilt, folgen ihm die Lehrer und binden sich am Fest Christi Himmelfahrt durch ein klösterliches Gelöbnis an ihn. Sieben Jahre später legen sie die ewigen Gelübde ab und nennen sich «Brüder der christlichen Schulen» oder Schulbrüder, wie wir sagen (z. B. in Kirnach/Villingen). Wer durch ihre Schulen geht, wird wiedergeboren in der Kraft einer blutwarmen Religiosität und zugleich geschult in allen Fächern, die ihm auf seinem Lebensweg nützlich sein können. Johannes führt statt des Einzelunterrichtes den Klassenunterricht ein, gründet die ersten Lehrerseminare und Gewerbeschulen und den Lehrplan des modernen Realschulwesens. Um der Jugend willen nimmt er die härtesten Entbehrungen auf sich.

Aber wie gern hätten die Schulbrüder dies alles ertragen, wenn man sie hätte wenigstens arbeiten lassen! Die 40 Jahre bis zum Tode des Stifters sind eine einzige Kette von Verfolgungen, die Zunft der Schreiblehrer verklagt sie beim Parlament, man vernichtet die ganze Einrichtung der Schulen, verleumdet den Stifter und erreicht sogar die Enthebung von seinen geistlichen Rechten und Vollmachten. So dankte Frankreich einem seiner edelsten Söhne die Aufopferung seines Lebens.

Aber Johannes de la Salle hatte eine Stütze, die ihn nicht im Stich ließ: Maria. Ihr vertraute er sich, seine Schüler und sein Werk an, und Maria führte es zum Siege. Schon bei der Gründung der Genossenschaft sah er es als seine erste Sorge an, die Verehrung und Nachahmung Mariens zu empfehlen. Er verpflichtete seine Mitarbeiter, jeden Tag den Rosenkranz zu beten, und zwar die ersten drei Zehner kniend. Die Brüder, die auswärts Schule hielten, sollten ihn auf dem Wege beten. So betete er auch selbst auf der Straße immer den Rosenkranz, so daß ihn die Leute den «Pater mit dem Rosenkranz» nannten. Das Fest der Unbefleckten Empfängnis wird nach dem Willen des hl. Johannes in der Genossenschaft so festlich begangen wie das Osterfest. Unsere Liebe Frau wählte er zur ersten Oberin des Institutes, und er unternahm nichts von Bedeutung, ohne sich Maria vorher anbefohlen zu haben. Nie unterließ er es, an allen Marienfeiertagen eine Ansprache an die Seinen zu halten. Wenn er die hl. Messe zu Ehren der Gottesmutter gefeiert hatte, dann betete er hernach oft noch stundenlang vor ihrem Bilde, hatte er sie doch um so viel zu bitten. Als die Mächte der Finsternis sein Werk zu vernichten suchten, machte er zwei Wallfahrten zu Unserer Lieben Frau. In der 151. Betrachtung schreibt er: «Was uns zu einer großen Andacht zur allerseligsten Jungfrau aneifern soll, ist die Tatsache, daß Maria vom ewigen Vater überaus geehrt worden ist.» Nachdem er dann die Privilegien der Gottesmutter aufgezählt hat, ruft er aus: «Alles dies halte ich für unfehlbare Wahrheit. Ich freue mich darüber, o allerseligste Jungfrau, und bringe dir von ganzem Herzen meine Glückwünsche dar.»

In den Schulklassen hatte er den lebendigen Rosenkranz eingeführt, um für Brüder und Schüler die Gnade des Beistandes der hl. Jungfrau herabzuflehen. Sieben Vigilien von Marienfesten sind in seiner Genossenschaft durch ein besonderes Fasten ausgezeichnet. Wenn jemand von der heiligen Jungfrau sprach, wurde er ganz ernst und verbesserte lebhaft: «Sagen Sie doch die ‹Allerseligste Jungfrau›, denn sie verdient es sehr.»

Die Gebete «Unter deinen Schutz und Schirm», «Gedenke, o gütige Jungfrau», «O meine Herrin und meine Mutter», sowie die lauretanische Litanei werden zu Richtpunkten seines Tagewerkes und drücken seiner Frömmigkeit das marianische Siegel auf.

Im Leben dieses heiligen Lehrers sehen wir wieder einmal, was Maria ihren Verehrern schenkt, die heilig genug sind, es tragen zu können: das, was sie der hl. Bernadette versprochen hat: Ich will dich glücklich machen, nicht in diesem Leben, sondern in jenem!

Das letzte Gebet des Heiligen, mit dem er entschlief, war das tägliche Gebet zu Maria, das wir nun beten:

Gebet des hl. Johannes de la Salle zu Maria um die Tugend der Demut.
Allerseligste Jungfrau Maria, Mutter Gottes, du bist die edelste, die heiligste und die ausgezeichnetste unter allen Kreaturen, und doch warst du die demütigste von allen. Du hast dich aus Demut unter alle erniedrigt, und zum Lohne wurdest du zur Würde einer Gottesmutter erhoben. Um deiner heiligen Demut willen und durch die Liebe zu dieser Tugend bitte ich dich inständigst: du wollest mir von deinem anbetungswürdigsten Sohne die Liebe und Übung jener Tugend erbitten, die dir stets so teuer war und dir die Erhöhung zu einer so großen Herrlichkeit verschafft hat. Ich bin sicher, daß dir alles unfehlbar gewährt wird, um was du für mich bittest. Denn du hast alle Macht bei deinem göttlichen Sohne. Amen.

Gebet zum hl. Johannes de la Salle um Bewahrung des Glaubens. Ruhmvoller heiliger Johannes Baptista de la Salle, du warst der Apostel der Kinder und der Jugend. Sei nun im Himmel droben unser Führer und Beschützer! Bitte für uns und hilf uns, daß wir bewahrt bleiben vor jeder Ansteckung durch Irrtum und Verderbnis und daß wir Jesus Christus und dem unfehlbaren Oberhaupt seiner Kirche stets treu bleiben! Gib, daß wir die Tugenden üben, in denen du ein so bewunderungswürdiges Vorbild gewesen, und dann auch an deiner Herrlichkeit teilnehmen dürfen im himmlischen Vaterland. Amen.

DER SELIGE VINZENZ PALLOTTI

Stifter der Pallottiner

Am 16. Mai 1818 war in Rom ein junger Priester zum erstenmal die Stufen des Altars hinaufgeschritten, der Gründer eines der berühmtesten Missionsorden und geistiger Vater des Laienapostolates werden sollte, Vinzenz Pallotti. Er stammte aus einer frommen Familie Roms. Der Vater war ein kleiner Händler und mußte 10 Kinder ernähren. Dennoch fand er Zeit, täglich zwei Messen zu hören und jede Woche zu den hl. Sakramenten zu gehen. Was aber der kleine Vinzenz sich an Bußeifer leistete, das ließ selbst die frommen Eltern erschrecken. Alles, was er bekam, wanderte zu den Armen, die sein ganzes Leben lang seine Lieblinge werden sollten. Der Mutterboden seiner Frömmigkeit, seiner Energie und Innerlichkeit und seiner Christusliebe war Maria. Ein grenzenloses Vertrauen zu ihr erklärt die ungewöhnlichen Gnaden seines Lebens, das ohne Umwege ins Priestertum mündete. Kein Fest Mariens kam, ohne daß die Marienfreude ihm aus den Augen geleuchtet hätte. Den Samstag und Mittwoch jeder Woche weihte er der Gottesmutter durch besondere Gebete und Opfer. Keine Predigt blieb ohne Anspielung auf sie. Wenn nach römischer Sitte die Gläubigen Roms seine Hand küssen wollten, ließ er aus seinem rechten Mantelärmel ein Marienbild herausschlüpfen und reichte es zum Kusse. Verließ er sein Zimmer, tat er es nicht ohne vor ihrem Bilde den Segen erbeten zu haben. Wichtige Briefe gab er nicht aus der Hand, ohne sie vorher seiner himmlischen Mutter zu zeigen. Zur Belebung der Maiandacht verfaßte er drei verschiedene Betrachtungsbücher. Hatte er schon als Kind die silbernen Medaillen, die er hin und wieder für seine Leistungen in der Schule erhielt, heimlich an irgendein Marienbild der Stadt geheftet, so war der Höhepunkt seiner Marienhingabe der Silvesterabend des Jahres 1832. Als er vom langen Beichthören ermüdet in sein Zimmer zurückkehrte, das als einzigen Schmuck ein Kruzifix und eine Marienstatue aufwies, setzte er sich zu seinem Schreibtisch vor das Marienbild, um Zwiesprache mit seiner himmlischen Mutter zu halten. Auf einmal erfüllte das Zimmer ein heller Glanz; er sah

Maria auf sich zutreten, wie sie mit freundlichem Lächeln ihn ihres himmlischen Schutzes versicherte. Pallotti sank in die Knie, wollte den Saum ihres Kleides küssen, da war sie verschwunden. Ihm war es, als wäre er wie in einer geistigen Verlobung zu einer neuen Vertrautheit mit Maria aufgenommen. Sie gibt ihm als Mitgift, was sie selbst besitzt, und läßt ihn ihren eigenen göttlichen Sohn erkennen und bürgt als Braut des Hl. Geistes dafür, daß er innerlich ganz im Hl. Geist umgeformt werde. Mit schlichten Worten schrieb er diese Begebenheit in sein Tagebuch und las die Stelle immer wieder, so daß dieses Blatt ganz abgegriffen war. Auf seinem Sterbebett verlangte er das Büchlein nochmals und küßte dieses Blatt in heißer Dankbarkeit.

Dennoch war seine Marienverehrung von gesunder Einsicht beraten. Die Begnadung und Erwählung Mariens ist der Ausgangspunkt, die wahre Anbetung Gottes ist das Ziel der Marienverehrung. Darum verschmolz Pallotti im Apostolat seine Interessen mit den ihrigen und die ihrigen mit den seinigen. Er hatte erkannt, daß in der Kirche die Stunde des Laien geschlagen hatte, daß es hoch an der Zeit sei, ihre Kraft für das Reich Gottes nutzbar zu machen. Um ihn scharten sich trotz der von ihm geforderten Strenge und des Stillschweigens hochgemute Jünglinge, Priester und Laien, die sein Apostolat an der Großstadt als wichtigste Aufgabe der Zeit erkannt hatten. Es war lange Zeit eine lose Gemeinschaft, da er sich scheute, eine Regel zu entwerfen. Als sie endlich zustande kam — den Entwurf schrieb er in einer einzigen Nacht kniend nieder — probte er sie erst lange aus, bevor er sie der kirchlichen Behörde vorlegte. Dann aber erfüllte er die Mitglieder der Genossenschaft mit seinem brennenden Apostolatseifer, mit seinen neuartigen und weitgreifenden Missionsideen. Dazu gehört auch das Presseapostolat, das seine Söhne, die Pallottiner, heute noch eifrig pflegen. Wahrscheinlich ist Pallotti auch Vorbild und Anreger des welthistorischen sozialen Reformwerkes gewesen, das einer seiner jugendlichen Freunde, der spätere Papst Leo XIII., so entschlossen in Angriff nahm.

Sein Werk behauptete sich gegen die siebenjährige Anfeindung von verschiedenen Seiten, bis er im Juli 1848 wieder die Freiheit des Wirkens zurückerhielt. Im Herbst dieses Jahres machte er noch einmal Exerzitien. Dabei kam es ihm vor, als habe er bisher in seinem Leben noch nichts getan. Er betete: «Ach, meine makellose, heißgeliebte Mutter Maria, nach Christus hast du die unendliche Liebe am meisten geliebt, mehr als alle Engel und Heiligen, und hast den Absichten Gottes entsprochen. Du bittest für mich und legst Fürsprache für mich ein, daß ich noch in diesem Augenblick anfange, die unendliche Liebe stets zu erkennen, und daß ich in vollkommenstem Einklang mit den Absichten Gottes lebe.»

Im Januar 1850 hatte er sich auf dem Heimweg von einer Predigt eine schwere Erkältung zugezogen, da er seinen Mantel bei der naßkalten Witterung einem Armen geschenkt hatte. Auf seine Bitten wurde die Statue der Königin der Apostel aus dem Priesterkonferenzsaal gebracht und in seinem Zimmer aufgestellt, daß er sie immer vor Augen hatte. Er unterhielt sich jetzt fast nur noch mit dem Kruzifix und seiner geliebten Mutter. Am Nachmittag des 21. Januar 1850 sagte er: «Wißt ihr auch, welch schönes Fest morgen ist? Es ist der Vermählungstag der Gottesmutter, und morgen wird im Himmel ein großer Freudentag sein.» An diesem andern Morgen ging Pallotti in die ewige Heimat zum himmlischen Hochzeitsmahl und zu seiner Mutter Maria. Selten ist ein Römer so betrauert worden wie dieser einfache Priester.

Gebet des seligen Vinzenz Pallotti zur Jungfrau Maria. Makellose Gottesmutter, Königin des Himmels, du bist die Mutter der Barmherzigkeit, die Fürsprecherin und Zuflucht der Sünder. In deiner mütterlichen Liebe hast du mir aus der Schatzkammer Gottes so reiche Gnaden erwirkt. Durch sie erleuchtet und angetrieben, möchte ich heute und allezeit mein Herz in deine Hände legen, damit du es Jesus weihest.

Selige Jungfrau, im Angesicht der neun Engelchöre und aller Heiligen übergebe ich es dir. Du sollst es in meinem Namen Jesus weihen. Das kindliche Vertrauen, das ich zu dir trage, gibt mir die Gewißheit, daß du jetzt und allezeit, so gut du kannst, mir helfen wirst, daß mein Herz stets vollkommen Jesus gehört, daß ich die Heiligen getreu nachahme, besonders den hl. Joseph, deinen reinsten Bräutigam. Amen.

HL. KASPAR VON BUFFALO

Gründer der Missionare vom kostbaren Blut

Am 6. Januar 1786 wurde zu Rom in der Nähe der großen Marienkirche ein Knabe geboren, der nicht nur den Namen der hll. Drei Könige erhielt, sondern auch wie sie mit Jesus seine hl. Mutter gefunden hat, Kaspar von Buffalo. Unter der weisen Leitung seiner frommen Mutter lernte sich das Kind so zu beherrschen, daß sich seine bezaubernde Ruhe und Heiterkeit auch im späteren Leben nie mehr verloren. Nicht weniger eifrig ging er in die Schule seiner himmlischen Mutter, deren Kirche in seiner Nähe war. Mit einzigartiger Aufmerksamkeit lauschte er den Predigten und wiederholte dann das Gehörte vor seinen Altersgenossen, deren Herz er bald erobert hatte. Oft lud er sie in irgendein Marienheiligtum ein, indem er sprach: «Kommt, machen wir einen Besuch bei der Mutter!» In den Ferientagen führte er sie in die Krankenhäuser, indem er sagte: «Kommt, studieren wir die Nöte der Menschheit.» Die Nachbarn nannten ihn nur den kleinen Aloisius, der keine größere Freude kannte als bei der hl. Messe zu dienen und schon mit 12 Jahren ein geistliches Kleid anzuziehen. Noch als niederer Kleriker fing er an, den Bauern und Vorstadtkindern zu predigen und den Verirrten wie ein guter Hirte nachzugehen. Geschmückt mit der Taufunschuld, feierte er in tiefer Ergriffenheit am Portiunkulatag 1808 die erste hl. Messe.

Kaum zum Priester geweiht, nahm die Tätigkeit des Armenpriesters ein rasches Ende, als Napoleon Pius VII. nach Frankreich fortschleppen ließ. Nachdem der Hl. Vater fortgeschafft war, suchte man den Klerus zu gewinnen, und gleich vielen andern wurde Kaspar aufgefordert, den schändlichen Eid auf Napoleon zu leisten. Nichts aber vermochten Schmeicheleien und Drohungen. «Ich kann nicht, ich darf nicht, ich will nicht», war seine stolze Antwort. Fast vier Jahre erduldete er nun das traurige Los eines Staatsgefangenen, erst der Sturz Napoleons gab ihm die Freiheit wieder.

Sofort nahm er seine Tätigkeit wieder auf, aber seine Kerkerhaft hatte ihm einen solch erschütternden Ernst gegeben und eine solche

Überzeugungskraft, daß sich selbst stadtbekannte Sünder ihm zu Füßen warfen. Aber nach dem Beispiel des hl. Franz Xaver, den er sehr verehrte, wollte er sich dem Jesuitenorden anschließen und in die Heidenmission ziehen. Da beauftragte ihn der Papst mit der Abhaltung von Volksmissionen. Jetzt war er sicher, was Gott von ihm wollte, und nun zog er 20 Jahre von Dorf zu Dorf, von Stadt zu Stadt, zuweilen predigte er 16mal am Tage, so daß er nachher vor Müdigkeit von seinem Maultier fiel. Ganze Freimaurerlogen lieferten ihm ihre Abzeichen und Bücher aus, die berüchtigten Räuberbanden aus der Heimat Gasparones gewann er der Kirche zurück, über die vier Regimenter nicht Herr werden konnten.

Aber dieses Apostolat hätte eines Tages ein Ende genommen mit seinem Tode. Darum dachte er an die Gründung einer Missionsgesellschaft, die beweglich und voller Eifer sein sollte für alle geistigen Nöte des Volkes. Sie sollte unter der Fahne des Blutes Christi kämpfen. Am 15. August 1815, dem Feste Mariä Himmelfahrt, wurde die Kongregation der Missionare vom kostbaren Blut im altehrwürdigen Kloster San Felice auf einem anmutigen Hügel unter dem Geläute der Glocken und dem Festgesang der Gläubigen geboren. Das Herz des Heiligen quoll über vor Freude. Er schrieb an einen Freund: «Ich müßte diesen Brief eher mit Tränen der Rührung denn mit Tinte schreiben. Ich habe unser Werk der Gottesmutter anvertraut, sie wird es vom Himmel her beschützen und es liebevoll segnen.» Nun ist er nicht mehr allein, es steht eine Gruppe von Missionaren unter seinem Befehl, eine Schar, die wachsen wird, an die er seine Flamme weitergeben kann.

Maria hat sein Werk gesegnet, das nicht nur auf der Verehrung des kostbaren Blutes, sondern auch auf der zarten Hingabe an Maria beruht. Seine Kindheit, seine ersten Schritte im Apostolat, seine Freude bei der Primiz, seine Qualen in der Verbannung und die Bitterkeiten bei der Gründung seiner Genossenschaft, all dies spielte sich in einer warmherzigen marianischen Atmosphäre ab.

Am meisten aber leuchtete seine Liebe zu Maria in ihrer ganzen Schönheit auf im Verlauf seiner Missionen. Maria vertraute er die Missionen an, sie sollte die Herzen rühren. Er nannte sie die Führerin der Missionen, Eroberin der Herzen, Siegerin. Während der Missionen unterließ er niemals die Predigt über die Gottesmutter. Wenn er über die Barmherzigkeit Gottes und über die Hölle gesprochen hatte, ließ er plötzlich das Bild Mariens erscheinen und mit großem Prunk auf die Kanzel tragen: diese Zeremonie pflegte das Volk jedesmal aufs tiefste zu erschüttern. Von jenem Augenblick an fing die Mission Feuer, wie der Heilige zu sagen pflegte.

Sehr stark förderte er die Errichtung von Marienstatuen an den Fassaden der Häuser, vornehmlich an Plätzen und Kreuzungen. Er verbreitete die Verehrung zur Immaculata, wozu er sich durch ein Gelübde verpflichtet hatte. Als man das 50jährige Jubiläum des Dogmas von der Unbefleckten Empfängnis beging, wurde Kaspar seliggesprochen, und beim 100jährigen Jubiläum der Dogmatisierung wurde er heiliggesprochen. Im gleichen Jahre wurde Pius X., der ihn seliggesprochen hatte, heiliggesprochen. So ehrt Maria die, welche sie ehren! Daß Kaspar das Rosenkranzgebet eifrig förderte, ist selbstverständlich. Zur Erhaltung der Missionsfrüchte rief er immer irgendeine marianische Vereinigung in den Pfarreien ins Leben.

Am meisten verehrte er ein Bild Marias, das «Hilfe der Christen» oder auch «Madonna mit dem Kelche» hieß. Heute bezeichnen wir dieses Bild als Königin vom kostbaren Blut: es stellt das Jesuskind dar, das in seiner Rechten den Kelch hält. Stets hatte er das traute Bild bei sich und segnete damit Städte, Felder, Menschen und auch die rasenden Elemente.

Seiner Kongregation gab er ein ganz marianisches Gepräge sowohl im Wappen wie im Werke, und stellte sie unter den besonderen Schutz der Gottesmutter.

Kaspar von Buffalo ist nicht nur der Verteidiger des Papsttums, der heldenhafte Missionar und Stifter zweier Kongregationen (mit einem weiblichen Zweig), sondern auch der größte Apostel des kostbaren Blutes in unserer Zeit, in der soviel Blut vergossen wurde. Er zeigt uns im Blute Jesu die Lösung aller Probleme, die Garantie für Freiheit und Friede, die Quelle der Liebe und Einigkeit.

Am 28. Dezember 1873 ging er aus den Armen des seligen Vinzenz Pallotti, seines Beichtvaters, in die Vaterarme Gottes. Er hatte das Wort wahr gemacht, das er einst im Kerker geschrieben hatte: «Die Vollkommenheit besteht nicht im Vollbringen großer Dinge, sondern in der genauen Erfüllung des Willens Gottes.»

Gebet zum hl. Kaspar von Buffalo. Heiliger Kaspar, sei mir von Herzen gegrüßt. Du hast dein Leben der Bekehrung der Sünder gewidmet und Tausenden Seelen die Verdienste des blutigen Leidens und Sterbens unseres Erlösers zugänglich gemacht. Ich flehe dich an bei deiner großen Liebe zum kostbaren Blute: sei mir bei Jesus ein treuer Fürsprecher, damit Sein heiliges Blut an mir nicht verloren gehe. Erbitte recht vielen, besonders aber den Priestern und Missionaren, einen großen Seeleneifer, damit sie das Reich des Herzens und Blutes Christi immer mehr ausbreiten und befestigen. Amen.

DER SELIGE P. ARNOLD JANSEN

Stifter der Gesellschaft des göttlichen Wortes

Ihr alle kennt seit Kindestagen die «Stadt Gottes», den «Jesus-
knaben» und den «Michaelskalender», alles Zeitschriften von den
Steyler Missionaren herausgegeben, die den ehrw. Diener Gottes,
P. Arnold Jansen, als ihren Stifter verehren, der im Jahre 1975 seliggesprochen wurde. Geboren am 5. November 1837 am Niederrhein
als zweites von elf Kindern einer kernkatholischen Familie, war er
nicht sonderlich begabt, aber durch Frömmigkeit und Fleiß brachte er es
zu einer solchen Bildung, daß er in Bonn im Staatsexamen die Erlaubnis bekam, alle Fächer des Gymnasiums zu lehren. Schon mit 10 Jahren wurde er in die Skapulierbruderschaft aufgenommen und verrichtete täglich fromm seine sechs Vaterunser. In Münster und Bonn war
er Mitglied der marianischen Kongregation. Am 15. August 1861 zum
Priester geweiht, hielt er am Feste Mariä Geburt seine erste Predigt
über das Herz Mariä. So stand von Anfang an die Marienliebe wie
ein leuchtender Stern über seinem Priesterleben. Nachdem er 12 Jahre
im Lehrfach tätig war, zog er sich von der Schule zurück, um ganz den
Aufgaben des Missionswerkes zu leben, das er ins Leben rufen wollte.
Am Feste Mariä Geburt 1875 gründete er fast ohne jede Mittel, in
völliger Armut, nur auf die Hilfe der göttlichen Vorsehung und der
Gottesmutter bauend, die Missionsgesellschaft vom göttlichen Worte.
Mit seinen ersten Gefährten weihte er sich im kommenden Jahre dem
Knechtesdienst des Königs und der Königin der Engel.

P. Arnold Jansen sagt selbst einmal: «Maria wird als die Gründerin
und Beschützerin fast aller religiösen Genossenschaften verehrt.» Bei
dieser Einstellung wird es nicht wundernehmen, wenn er bei den Seinen auf jegliche Weise die Andacht zu Maria förderte. In Maria verehrt P. Arnold die strahlende Reinheit ihres gottbeseelten Herzens,
die wunderbare Fülle der Gnade und Herrlichkeit, die der Hl. Geist
in seine Braut gegossen, die erhabene Pracht, in der sie selbst alle heiligen Engel überragt als deren glorreiche Herrin und Königin. Vor
allem sieht er in ihr die Mittlerin aller Gnaden. In einem Einleitungs-

vortrag zum Monat Mai sagt er: «Maria freut sich über unsere Verehrung, weil ihr das Gelegenheit gibt, uns ihre großen Reichtümer auszuteilen. Sie ist die Schatzmeisterin der himmlischen Kleinodien und Gnaden.»

Wie beim hl. Ignatius geht bei P. Arnold der Geist auf das Weltweite, auf die Ausbreitung des Reiches Gottes auf Erden. Darum geht auch seine Marienverehrung in die Weite und Tiefe, er faßt so gern die Beziehungen Mariens zur Hl. Dreifaltigkeit ins Auge und nennt sie mit Vorliebe die Lilie der Hl. Dreifaltigkeit. Die Stoßgebetchen, die er am liebsten verrichtete und am meisten empfahl, waren die zwei Anrufungen: «Süßes Herz Mariä, sei meine Rettung» — er selbst hat dieses Gebet 75mal in sein Abendgebet eingefügt — und: «Unbefleckte Braut des Hl. Geistes, bitte für uns!»

Besonders gern feierte P. Arnold das Fest Mariä Opferung, an dem er die völlige Hingabe des Kindes Maria an Gott verehrte und den Seinen in seinen Ansprachen nahezubringen suchte. Er beging überhaupt fast alle Marienfeste mit einer Novene oder einem Triduum, und wenn er konnte, predigte er an diesen Tagen, wo immer er sein mochte. Dringend empfahl er an den Vorabenden der Marienfeste und der Samstage eine Abtötung. In allen Kirchen und Kapellen der Gesellschaft ließ er ein Bild oder eine Statue der schmerzhaften Mutter Gottes aufstellen. Für die große Hl.-Geist-Kirche in St. Gabriel bei Wien ließ er den Grundstein aus Lourdes bringen. Wenn er Exerzitien gab oder geben ließ, mußten alle am Schluß in einer Prozession zum Marienaltar ziehen und «Maria zu lieben» singen. Jede größere Arbeit sollte zwischen zwei Ave Maria — am Beginn und am Schluß — gestellt sein, auch jede Unterrichtsstunde. Nach dem Engel des Herrn sollten seine Söhne die Hingabe an die Gottesmutter mit dem Gebet: «O meine Gebieterin» erneuern.

Es gefielen ihm besonders jene Übungen, mit denen das deutsche Volk Maria verehrt, an erster Stelle der Rosenkranz, für dessen Verbreitung er unendlich viel getan hat. Oft verschenkte er ganze Dutzende von Rosenkränzen, um dieses Gebet zu verbreiten, und mit unglaublicher Mühe hat er die Betrachtungen zum lebendigen Rosenkranz zusammengestellt und sie in allen Häusern seiner Gesellschaft jeden Monat verteilen lassen.

Dieses Erbe tragen seine geistlichen Söhne heute weiter in alle Erdteile und zu allen Menschen, denen sie die Botschaft des Evangeliums künden. Maria sollte die sichere Führerin der Missionare sein im Heidenland, darum ließ er sie zuvor beim Marienaltar zusammenkommen und das Ave maris stella singen: Sei gegrüßt, o Meeresstern!

Das Werk P. Arnolds nahm trotz Verkennung und Verachtung mit Gottes Hilfe und der Fürbitte der Gottesmutter einen raschen, ungeahnten Aufschwung, und wir dürfen uns freuen, daß mit ihm wieder ein Deutscher zur Ehre der Altäre erhoben wurde, und daß damit uns der dritte deutsche Ordensstifter neben dem hl. Bruno und dem hl. Norbert geschenkt ist. Am 15. Januar 1909 starb P. Arnold Jansen im Rufe der Heiligkeit.

DER HL. VINZENZ VON PAUL

Stifter der Lazaristen und Barmherzigen Schwestern

Als Sohn einer kinderreichen, armen Bauernfamilie im südwestlichen Frankreich geboren, mußte er frühzeitig bei der Arbeit fest anpacken. Das gab ihm Sinn für das Praktische, Zähigkeit und Ausdauer für seine spätere großartige Tätigkeit. Er hat das Vieh gehütet und sich durch Nachhilfestunden das Geld zum Studium verdient, denn er war hochbegabt. Es lag durchaus nicht in seiner Absicht, ein Heiliger zu werden, sondern er strebte nur das Priestertum an, um einmal seine Eltern und Geschwister mit durchhalten zu können. Mit 19 Jahren schon stand er am Altare, da brach nach wenigen Jahren das Abenteuer über ihn herein, das alle seine Pläne durchkreuzen sollte. Unbarmherzig hatte er einen Schuldner einsperren lassen, um zu seinem Gelde zu kommen, und wohlgemut fuhr er zu Schiff von Marseille nach Toulouse, als er von tunesischen Seeräubern gefangen und in die Sklaverei abgeführt wurde. Von Hand zu Hand verkauft und ebenso erbarmungslos behandelt, wie er seinem Schuldner mitgespielt hatte, büßte er unter der afrikanischen Sonne den Fehler seines hitzigen Blutes. Er lernte wieder richtig das Beten und vergaß besonders Maria nicht. Durch den täglichen Gesang des Salve Regina bei seiner Herrschaft erreichte er schließlich die Bekehrung derselben und seine Freiheit. Es spricht seine eigene Erfahrung aus den Worten, die er später niederschrieb: «Jeder Tag unseres Lebens ist gekennzeichnet durch den Schutz der seligsten Jungfrau Maria, welche sich stets als eine gute Mutter denen erweist, die ihre guten Kinder sind.»

Die Not, die Vinzenz kennengelernt, und das Leid, mit dem er gezeichnet war, hatten ihn feinfühlig gemacht für die leibliche und geistige Not seiner Mitmenschen. Aber es dauerte noch Jahre, die ausgefüllt waren mit schweren inneren Kämpfen, bis eine Liebestätigkeit von solch unerreichtem Ausmaß dastand, daß Vinzenz als Patron aller christlichen Liebeswerke aufgestellt werden konnte. Sorge für die Ausbildung der Priester, Sorge für die Findelkinder, die er des Nachts auf den Straßen auflas — sich selbst nannte er ein Findelkind der Gnade —, Sorge für die Galeerensträflinge, für Irrsinnige, für kranke Kinder, Obdachlose, Wander- und Flüchtlingsfürsorge, alles modern anmutende Einrichtungen — alles kam aus der einen Wurzel: aus der Liebe Christi. «Der gute Herr Vinzenz», wie er hieß, war im Zeitalter der Glaubenskämpfe und des Priesterhasses das Herz Frankreichs. Millionen flossen durch seine Hände, selbst war er bis zu seinem Tode arm.

Gott sandte ihm Helfer, die ihre gesicherte Existenz preisgaben und mit ihm die Armut teilten: Aus drei Missionspriestern im Jahre 1625 waren es beim Tode des Heiligen 622 geworden, die auf seinen Wink in die ganze Welt hinausgingen. Nach dem Aussätzigenspital St. Lazarus, in dem sie wohnten, wurden sie Lazaristen genannt. Die Kranken vertraute er frommen Landmädchen an, die sich unter seinem Schutz der Krankenpflege widmeten. Sie hatten keine Ordenstracht, sondern kleideten sich wie die Bäuerinnen der Pariser Gemüsemärkte, sie wohnten ohne Klausur irgendwo in der Stadt und legten nur das persönliche Gelübde ab, zu jeder Stunde des Tages und der Nacht für die Kranken bereit zu sein. Was hier entstand, hatte mit den überlieferten Frauenorden nichts mehr zu tun, es war etwas Neues und mußte sich erst durch tausend Widerstände durchsetzen. Aber es ist nicht zugrunde gegangen. Die weiße Flügelhaube der Vinzentinerinnen oder Barmherzigen Schwestern, wie sie auch heißen, deren Tracht eben auf die Marktfrauen von Paris zurückgeht, ist Symbol moderner Caritas geworden.

Zwei Quellen waren es, aus denen Vinzenz die Kraft zu allem schöpfte: aus dem heiligsten Sakrament des Altares und aus der Verehrung der Gottesmutter. In aller Verderbnis jener Zeit sah er das Hauptanliegen der Seelsorge gesichert in der Verehrung Mariens durch den hl. Rosenkranz. «Ach, wie lobenswert ist es, den hl. Rosenkranz zu beten, um durch die Fürbitte der reinsten Jungfrau die Reinheit des Gewissens und eine glückliche Sterbestunde zu erlangen.»

Sankt Vinzenz pflanzte seinen beiden Ordensfamilien die persönliche tägliche Huldigung an Maria, ihre ständige Nachahmung und die apostolische Richtung unter Marias Führung ein. Seine Gesinnung spricht aus seinen Konferenzen und Erläuterungen zur hl. Regel, wo er im 99. Kapitel vom Rosenkranz schreibt: «Meine Schwestern sollen sich bemühen, den Rosenkranz gut zu beten, denn das ist ihr

Brevier. So wie die Priester zum Brevier verpflichtet sind, so müssen sie sehr darauf sehen, ihren Rosenkranz gut zu beten. Und wie die Priester ihr Brevier nach der Meinung der Kirche beten, so sollen sie ihren Rosenkranz nach der Meinung ihrer Gemeinschaft beten, damit Gott sie heilige und ihre Arbeiten und alles, was sie für den Dienst der Armen tun, segne. So wie die Priester keine anderen Gebete übernehmen, welche ihre Verpflichtung zum Brevier beeinträchtigen können, so dürfen auch sie keine anderen Gebete verrichten, welche ihnen die Zeit zum Rosenkranz wegnehmen. Wenn die Priester ihr Brevier beten, müssen sie es mit großer Aufmerksamkeit, Andacht und Ehrfurcht tun, eine ähnliche Andacht sollen auch sie beim Beten des Rosenkranzes haben.»

Vinzenz ermahnt seine geistlichen Töchter, den Engel des Herrn zu beten, wenn dazu geläutet wird, auch wenn sie mit dem Essen noch nicht fertig sind. Entsprechend ihren Aufgaben gegenüber den Kranken empfiehlt er ihnen, den Rosenkranz über den Tag zu verteilen. — Ein verstockter Sünder hatte sich hartnäckig geweigert zu beichten, obwohl er schwerkrank darniederlag. Auf die Bekehrungsversuche des Heiligen gab er frech zur Antwort: «Ich will verdammt werden, um Christus Verdruß zu machen.» Vinzenz entgegnete: «Ich aber will dich vor der ewigen Verdammnis erretten, um ihm Freude zu machen», und nun begann er mit den Schwestern in seiner Gegenwart den Rosenkranz zu beten. Wütete der Kranke anfangs noch wie besessen, so wurde er im Verlauf des Gebetes immer ruhiger, und am Ende verlangte er zu beichten. Durch die Fürbitte der Gottesmutter starb er versöhnt mit Gott.

Am 8. Dezember 1658 schreibt Vinzenz in seiner Regelerklärung: «Ich bitte unseren Herrn Jesus Christus, daß er sie segne und mit seinem Geiste erfülle, damit sie wie er demütig, geduldig und gehorsam seien. Um diese Gnade zu erlangen, meine Töchter, nehmen wir unsere Zuflucht zur Mutter der Barmherzigkeit, zur seligsten Jungfrau. Unter ihrer Fahne und unter ihrem Schutze ist die Versammlung der Barmherzigen Schwestern gegründet worden. Und wenn wir sie einstmals unsere Mutter genannt haben, so müssen wir sie besonders in dieser Eigenschaft bitten, sie möge die Opfergabe, welche wir ihr mit der ganzen Gemeinschaft und mit jeder einzelnen Schwester darbringen, wohlgefällig aufnehmen. Und wenn du es erlaubst, o allerseligste Jungfrau, dich unsere Mutter zu nennen, und weil du die Mutter der

Barmherzigkeit bist, die von Gott die Gründung dieser Genossenschaft erlangte, so wie wir glauben, so nimm sie gnädig unter deinen besonderen Schutz. Ja, meine Schwestern, übergeben wir uns ihrer Leitung, und versprechen wir ihr, uns rückhaltlos ihrem Sohne zu schenken. Amen.»

Als Vinzenz am 27. September 1660 sanft entschlief, dachten seine Schüler an das Wort, das er ihnen einst gesagt hatte, als sie ihn mahnten, fremder Leute wegen keine Schulden zu machen: «Wenn wir alles für den Herrn hergeschenkt haben und nichts mehr zu schenken übrig ist, dann legen wir den Schlüssel unter die Tür und wandern still davon.»

Ablaßgebet zum hl. Vinzenz von Paul. Ruhmreicher heiliger Vinzenz, du bist der himmlische Schutzpatron aller Vereinigungen der Caritas, der Vater aller Armen. Du hast während deines Erdenlebens niemanden abgewiesen, der hilfesuchend zu dir kam.

Sieh an die viele Not, die uns drückt, und komm uns zu Hilfe! Erbitte vom Herrn den Armen Unterstützung, den Kranken Erleichterung, den Betrübten Trost, den Verlassenen Schutz, den Reichen hochherzige Gesinnung, den Sündern die Bekehrung, den Priestern heiligen Eifer, der Kirche den Frieden, den Völkern Ruhe und allen das Heil!

Ja, laß alle deine wirksame, liebevolle Fürbitte erfahren! Laß uns durch deinen Beistand Trost finden in den Trübsalen dieses Lebens und dann mit dir vereinigt werden dort oben, wo es keine Trauer, keine Klage und keinen Schmerz mehr gibt, nur Freude, Wonne und ewiges Glück. Amen.

DER HL. IGNATIUS VON LOYOLA

Stifter der Jesuiten

Als Luther halb Europa von der Kirche loszureißen begann und damit auch der Marienverehrung entgegentrat, erweckte Gott einen Mann, der bestimmt war, durch seinen neuen Orden die Irrlehre Luthers wirksam zu bekämpfen und der Kirche dafür neue Völker zuzuführen: es war der spanische Edelmann und Offizier Ignatius von Loyola. Im alten Geiste katholischen Glaubens erzogen, verbrachte er seine jungen Jahre als echtes Kind des spanischen Rittertums: kampflustig, schlagfertig, hochherzig, aber nicht gerade heilig. Da trat im Marienmonat, am 20. Mai, an einem Pfingstmontag die Wendung ein. In einem Feldzug wurde ihm von einer Kanonenkugel das Bein schwer verletzt, und nun lag er monatelang darnieder. Nachdem er sämtliche Ritterromane gelesen hatte, griff er auch aus Langeweile zu einer Heiligenlegende. Die Gottesmutter, der er damals schon treu ergeben war, verhalf der Gnade zum Durchbruch, und Ignatius entschloß sich, nach seiner Genesung ein Gottesstreiter zu werden.

So pilgerte er schließlich nach seiner Genesung auf den Montserrat zum großen Heiligtum der Gottesmutter, legte dort eine Lebensbeichte ab, ließ Schwert und Dolch beim Gnadenaltar aufhängen und hielt nach mittelalterlichem Brauch in der Nacht vor Mariä Verkündigung vor dem Bild der Gottesmutter seine Ehrenwache. In einer Höhle bei Manresa wurde er nun von Gott bei seinen Gebeten und Bußübungen so begnadet, daß er später sagte, er wäre bereit, für alle Glaubenswahrheiten sein Leben hinzugeben, auch wenn es keine Hl. Schrift gäbe, soviel innere Erleuchtungen seien ihm zuteil geworden.

Als 33jähriger setzte er sich noch einmal auf die Schulbank, um als Priester noch mehr für das Heil der Seelen wirken zu können. Sieben Jahre studierte er in Paris, wo er seine ersten Gefährten warb und mit ihnen am Fest Mariä Himmelfahrt 1534 das Gelübde ablegte, in Armut, Keuschheit und Gehorsam zu leben. 1538 feierte Ignatius in der großen Marienkirche zu Rom beim Altar der hl. Krippe am Weihnachtsfest sein erstes hl. Meßopfer.

Jetzt wurde Maria so recht seine Herrin, jetzt überkommt ihn eine heilige Ehrfurcht vor allen Worten, die er über sie findet, er schreibt sie ab, malt sie mit himmelblauer Farbe aus. Eines Nachts liegt er wach auf seinem Bett. Plötzlich sieht er Maria mit dem Gotteskind vor sich, sie spricht kein Wort, schaut ihn aber geraume Zeit an, ehe sie wieder entschwindet. Der Eindruck dieses Augenblickes war gewaltig. Von dieser Stunde an spürte Ignatius in seinem ganzen Leben keine einzige sündhafte und sinnliche Regung mehr. Diese Gnade allein mußte genügen, um Ignatius zu einem unverbrüchlich treuen Diener seiner himmlischen Herrin zu machen. Bald darauf hätte er beinahe einen Mauren, der die Unbefleckte Empfängnis schmähte, mit dem Schwerte niedergehauen, wenn nicht eine gütige Fügung ihn vor dieser Verirrung bewahrt hätte. Im Kirchlein Maria vom Guten Rat hat ihm auch Maria den Rat gegeben, in die nahegelegene Höhle zu gehen. Dort wurde ihm die Hilfe seiner himmlischen Schützerin und Herrin oft fühlbar zuteil. Mehr als 20mal erschienen ihm Jesus und Maria.

All das findet seinen deutlichen Widerhall in den Aufzeichnungen des Exerzitienbüchleins. Hier läßt er immer wieder an ganz entscheidenden Punkten des inneren Lebens Maria vor die Seele des Betrachtenden treten. Die ersten Gefährten des Heiligen, meist selbst Heilige, geben ihrer Überzeugung Ausdruck, Maria habe dem hl. Ignatius das Exerzitienbüchlein diktiert. Stets trug er ein Marienbild auf seiner Brust, er nannte Maria seine Mittlerin.

Mit dem katholischen Glauben rettete er durch seine Gefährten auch zahllosen Christen die beglückende Marienverehrung. Der Eifer für Gott verzehrte ihn. «Alles zur größeren Ehre Gottes» war sein Wahlspruch, den er seinem Orden hinterließ. Unerbittlich hart gegen sich, war er voll gütigen Verstehens gegen andere und warnte vor übertriebener Askese. Seine Untergebenen konnten sagen: er besteht aus lauter Liebe und Güte. Am 31. Juli 1556 ging er in die Ewigkeit ein und konnte sein schönes Gebet ganz wahr machen, das wir jetzt sprechen:

Hingabe des hl. Ignatius. Nimm hin, o Herr, meine ganze Freiheit, nimm hin mein Gedächtnis, meinen Verstand und meinen ganzen Willen. Was ich habe und besitze, hast Du mir geschenkt. Dir gebe ich alles zurück und überlasse es ganz Deinem Willen. Verfüge Du darüber! Nur Deine Liebe und Gnade gib mir, dann bin ich reich genug und verlange nichts weiter. Amen.

DIE GOTTSELIGE JUNGFRAU MARIA WARD

Stifterin der «Englischen Fräulein»

Dieser 21. Mai war einer der bittersten Tage, den die hochgemute Frau, Maria Ward, in ihrem an Leiden und Enttäuschungen reichen Leben durchgekämpft hat, denn an diesem Tage 1631 erschien die Bulle des Papstes Urban VIII., worin er sich gegen die «Jesuitinnen» erklärt und die Auflösung ihrer Häuser verlangt. Mit diesem Namen bezeichnete man die Gründung der englischen vornehmen Dame, da sie sich für die Regel des hl. Ignatius entschieden hatte, die sich dem Zweck und dem Charakter ihrer Gründung am besten anpaßte. War nicht auch Maria Ward aus demselben Holze geschnitzt wie Ignatius von Loyola? Vom hl. Ignatius heißt es, er habe sich von Gott die Gnade erbeten, daß sein Orden immer verfolgt werde, und dieser Anfeindung habe er es zu verdanken, daß er nie reformiert zu werden brauchte. Nun, was Verfolgung anbelangt, so steht sowohl die Person als auch das Werk dieser großen Frau einzig da. Wir können sie noch nicht als Heilige verehren, und erst Pius XI. hat an einem 12. Mai ihr Werk und die Verfassung des Institutes der Englischen Fräulein, wie wir sie jetzt nennen, gutgeheißen.

Über diesem tapferen Leben und Leiden steht von Anfang an Maria als leuchtender und tröstender Stern. Am Fest Mariä Vermählung, am 23. Januar 1585, wurde Maria Ward in England geboren, das damals in schwere Glaubenskämpfe verwickelt war, denn Elisabeth, die Tochter Heinrichs VIII. aus dem ehebrecherischen Verhältnis, war allem Katholischen feind. Eigentlich erhielt sie in der Taufe den Namen Johanna, aber da sie von Kindheit an Maria innig verehrte, sehnte sie sich, mit dem Namen Maria geschmückt zu werden, und sie empfing diesen Namen auf ihre inständigen Bitten hin bei der hl. Firmung. In der Zeit von Mariä Himmelfahrt und Mariä Geburt hatte sie in Fasten, Gebet und Wachen sich auf den Empfang der ersten hl. Kommunion vorbereitet, und sie nennt diesen Tag den Tag ihrer Freiheit, an dem ihr Reichtum begonnen habe. Sie kennt keinen andern Weg zu Jesus als den über Maria.

In ihrer Kindheit erfuhr sie auch schon den besonderen Schutz der Gottesmutter, indem sie aus Feuersgefahr errettet wurde. Immer wieder brauchte sie diesen Schutz der Gottesmutter, die auch die Schrecken der Flucht kannte, denn zeit ihres Lebens wurde sie gehetzt von einem Ort zum andern. Mit fünf Jahren zum erstenmal, mit elf das zweite Mal, mit 15 Jahren das dritte Mal, auf der Flucht vor den Verfolgern, die den Sakramentenempfang grausam bestraften, regte sich in ihrer Seele der sehnsüchtige Wunsch, für ihr Vaterland England auch etwas zu tun, damit Gott die Finsternis des Irrglaubens zerstreue. Sie sah damals nur den Weg, in einem strengen Frauenorden ewige Sühne und Buße zu tun für den Abfall ihres Landes. Diesem Ideal zuliebe wies sie drei Freier ab, die von ihrer Schönheit, ihrem Geist und ihrem glühenden Herzen bezaubert waren.

Von einem Jesuiten beraten, trat sie in ein Karmeliterkloster in den Niederlanden ein, wo sie die niedrigsten Dienste verrichtete, bis ihr der Provinzial selbst sagte, sie könne in einem andern Orden besser Gott dienen. Nach England zurückgekehrt, erkannte sie, welche Wunden der Abfall vom Glauben bereits der Jugend geschlagen hatte. Sie sah aber auch ein, daß in ihrem Lande das alte klösterliche Ideal hier keinen Wandel schaffen konnte. So kehrte sie mit fünf adeligen Gefährtinnen auf das Festland zurück und begann sofort mit einer Schulgründung. Die kleine Schar der «Englischen Fräulein», wie sie das Volk nennt, trägt weltliche Kleidung, kennt keine strenge Klausur, will aber durchaus als klösterliche Gemeinschaft gelten. Niemand kann schildern, welche Anstrengungen und Verfolgungen dieser ersten Gründung folgten. Als Dienstmädchen verkleidet, gründete sie auch in London ein Haus, mußte aber wieder fliehen, denn sie wurde zum Tode verurteilt und nur von Maria wieder errettet.

Die Befreiung vom Klausurzwang und die völlige Unabhängigkeit unter der alleinigen Jurisdiktion des Papstes waren die Forderungen, an denen ihre Bemühungen scheiterten, für die nun schon entstandenen Institute in Köln, Lüttich, Trier und in Italien die päpstliche Anerkennung zu erlangen. Trotzdem arbeitete sie weiter, gründete in München, Wien und Preßburg Niederlassungen, wurde schließlich in München eingekerkert, bis der Papst ihre Freilassung verfügte. Die Hoffnung, die sie daran für ihre Gründung knüpfte, erfüllte sich nicht, es folgte jener vernichtende Schlag vom 21. Mai, in dem die Auflösung aller Häuser verlangt wurde. Das ist die Stunde, in der Glaube und kirchlicher Gehorsam dieser Frau auf die härteste Probe gestellt wurden; sie fügte sich. Aber ist nicht Maria die Zuflucht und Hilfe der Christen? Sie erinnerte sich, wie Maria in Altötting ihre Gebete erhört hatte, sie betete drei Tage in Loreto, die Gottesmutter möge ihr Kraft im Leiden und die Gnade erflehen, allzeit den Willen Gottes zu erfüllen.

Das Unglaubliche geschah: Papst Urban, der an ihrer persönlichen Lauterkeit nie gezweifelt, empfing sie gütig und erlaubte ihr, unter seinem Schutz das gemeinsame Leben mit den treugebliebenen Schwestern in Rom fortzusetzen. Streng überwacht und dennoch glücklich — sie unterzeichnete ihre Briefe damals «Felice», die «Glückliche» —, baute sie das Institutum Beatae Mariae Virginis auf, denn es war ihr klar, daß Maria ihr Werk gerettet hatte. Als dann die Verfolgungen allmählich aufhörten, war ihr Lebenswerk vollbracht. Ihre Lebenskraft aber war gebrochen, und drei Tage vor ihrem 60. Geburtstag starb sie. So lange dauerte der Kreuzweg dieser Frau, deren edelste Absichten verkannt wurden, weil sie als einzige Frau ihres Jahrhunderts einsah, daß die Reformation die Lebensbedingungen des Katholizismus geändert hatte. Viel Eifersucht steckte hinter dem Kampf gegen diese starke Frau, aber sie kämpfte offen gegen diese Mißachtung und sagte: «Es gibt keine Wahrheit für Männer oder Frauen, sondern nur eine Wahrheit Gottes, und die vermögen wir ebensogut zu besitzen wie die Männer.»

Maria Ward ist die Märtyrerin des göttlichen Willens, sie nahm ihn kompromißlos auf sich. Das Marienbild Maria Wards ist das der Gottesmutter unter dem Kreuz. Das ist die große Aufgabe der Englischen Fräulein, in der Erziehung der weiblichen Jugend durch das Kreuz Christi und durch das Kreuz des Berufes mitzuhelfen an der Erfüllung des göttlichen Willens und am Erlösungswerk Christi. Es geht nicht nur darum, sich dem Geist der Welt entgegenzustellen, der nur Fortkommen, Genuß, Geld, Stellung und Ansehen kennt, es geht darum, mitzuhelfen am Aufbau des Reiches Gottes. Eines ihrer kostbaren Worte, eine ganze Tugendschule der Vollkommenheit, das uns die ganze Innerlichkeit und Gotthingegebenheit dieser Seele zeigt, lautet: «Es ist notwendig, daß wir uns selbst mit einer großen Sehnsucht bewaffnen, viele und mancherlei Kreuze zu tragen.»

Von Maria aber sagt sie: «Maria ehren, heißt gegen Gott dankbar sein. Ich liebe und kenne sie und weiß aus Erfahrung, wie freigebig und hilfsbereit sie sich gegen jene erweist, die ihr auch nur in etwa dienen!»

Gebet zur heiligen Jungfrau Maria. Heilige Maria, komme zu Hilfe den Armen, richte auf die Kleinmütigen, tröste die Betrübten, bitte für das Volk, flehe für die Priester, tritt ein für die gottgeweihten Frauen! Laß alle deine Hilfe erfahren, die dein heiliges Gedächtnis begehen!   (Aus dem Brevier)

Lobpreis und Bitte: Sei gegrüßt, du gütige Mutter der Barmherzigkeit! Sei gegrüßt, Maria, du ersehnte Mittlerin der Vergebung! Wer wollte dich nicht lieben? Du bist in Zweifeln ein Licht, in der Trauer ein Trost, in der Not eine Hilfe, in Gefahren und Versuchungen eine Zuflucht. Du bist neben deinem eingeborenen Sohn unsre sichere Rettung. Selig, die dich lieben, hohe Herrin! Neige dein gütiges Ohr zu den Bitten deines Dieners, eines armen Sünders, und verscheuche durch die Lichtstrahlen deiner Heiligkeit das Dunkel meiner Sünden, damit ich dir gefallen kann. Amen.

DER HL. JOHANNES VON GOTT

Stifter der Barmherzigen Brüder

Als Zuflucht der Sünder zeigte sich Maria besonders beim hl. Johannes von Gott, dem Stifter der Barmherzigen Brüder, von denen es in Bayern allein 20 Niederlassungen gibt. Hatte er Barmherzigkeit von Gott erlangt, wollte er diese auch weitergeben an die Ärmsten. Als Junge war er seinen Eltern davongelaufen, es paßte ihm nicht mehr daheim. Er war Viehhirte geworden, aber auch das war ihm bald leid geworden. Seine hohe Figur, sein starker Körper, sein martialisches Aussehen schienen auch anzudeuten, daß er mehr zum Soldaten als zum Hirten berufen sei. So ließ er sich als Soldat anwerben und schaute sich die Welt ein paar Jahre vom Pferde aus an. Ohne die schlechten Beispiele seiner Kameraden nachzuahmen, war er doch in großer Gefahr für sein Seelenheil.

Alle Lebensbeschreibungen, auch die Heiligsprechungsbulle, wissen zu berichten, daß er von seinen Eltern eine große Marienliebe mitbekommen hatte. Es verging auch später kein Tag, an dem er nicht zu Maria gebetet oder sie durch eine gute Tat erfreut hätte. Jetzt aber, als Soldat, fing er an, lau zu werden. Da wurde er einmal in einer einsamen Gegend vom Pferd geschleudert und blieb bewußtlos liegen. Als er erwachte, kam ein großer Schrecken über ihn, denn die Feinde waren nah. Mit zum Himmel erhobenen Händen rief er nun Maria an: «O Mutter der Barmherzigkeit, erflehe mir von deinem göttlichen Sohn die Befreiung aus der Gefahr, in der ich mich befinde.» Kaum hatte er diese Worte gesprochen, da erschien bei ihm eine Hirtin, die ihn tröstete, seinen Durst löschte und das Blut aus seinen Wunden stillte. Gerührt bat er die Frau, ihm ihren Namen zu nennen. «Ich bin», sagte sie, «jene, die du um Hilfe angerufen hast. Siehe, mein Sohn, du wirst in so großen Gefahren niemals sicher sein, wenn du nicht eifrig betest. Verrichte wieder eifriger deine gewohnten Gebete. Stehe auf, Johannes, setze deinen Marsch fort, denn jetzt besteht keine Gefahr mehr.» Mit Hilfe eines Stockes setzte Johannes seinen Weg fort und kam wohlbehalten im Lager an. Mit großer Reue bedauerte er, daß er in letzter Zeit gegen seine himmlische Mutter so nachlässig gewesen war, und verrichtete wieder eifrig seine Andacht zu ihr.

So kam es, daß er sich auch nach seiner irdischen Mutter sehnte und wieder heimkehrte. Aber welcher Schrecken! Mutter und Vater waren aus Gram über das plötzliche Verschwinden ihres Kindes gestorben. Ein alter Onkel verwaltete das Vermögen und bot sich an, es herauszugeben; aber Johannes hörte gar nicht hin, sondern floh nach Marokko, um in schwerster Arbeit für gefangene Christensklaven und Arme seine Schuld zu sühnen. Zuletzt eröffnete er einen Buchhandel mit religiösen Büchern und Bildern und schien den inneren Frieden wiedergewonnen zu haben. Da kam der hl. Johannes von Avila, und eine Predigt von ihm riß die alte Wunde wieder auf, so daß er sich wie ein Verzweifelter gebärdete und im Irrenhaus landete, wo er mit Stockhieben und Fußtritten traktiert wurde.

Johannes von Avila half ihm, in einer guten Lebensbeichte alle Angst vor Gott abzutun und durch eine großangelegte Liebestätigkeit an den Kranken eines Spitals seine Sünde zu sühnen. Als eines Tages das Spital brannte, rettete er die Kranken unter eigener Lebensgefahr und gründete nachher mit den bescheidensten Mitteln ein Hospital mit 42 Betten, um die Obdachlosen wieder unterzubringen. Durch seiner Hände Arbeit und durch unermüdliches Betteln bei den Wohlhabenden hielt er das Spital über Wasser, bis sich ihm immer mehr edelgesinnte Männer um Gotteslohn zur Verfügung stellten. Das Volk nannte sie «Barmherzige Brüder», und Papst Pius V. bestätigte im Jahre 1572 ihre klösterliche Gemeinschaft. Obwohl Johannes von Gott nicht Priester war, sorgte er nicht nur für das leibliche, sondern auch für das geistige Wohl der Kranken und betete viel mit ihnen. Seine weitere Sorge galt der Bekehrung und Fürsorge für die Dirnen, die meist aus Armut zu diesem schändlichen Lebenswandel gekommen waren, und der Betreuung der Geisteskranken. Am eigenen Leibe hatte er ja einst spüren müssen, wie man mit diesen armen Menschen umging. Er kämpfte gegen den Aberglauben an, daß jedes Irresein auf den Einfluß des bösen Feindes zurückzuführen sei.

Das Leben des Dieners Gottes neigte sich dem Ende zu. Er verzehrte sich wie eine Flamme im Dienste der Armen und Kranken. Er wollte ganz seiner gekreuzigten Liebe ähnlich sein. Sooft er zu einem Kranken redete, sprach er von Gott und Maria. Es war ihm ein Herzensbedürfnis, immer von seiner himmlischen Mutter zu reden und auch seinen Mitmenschen immer wieder zu sagen und zu zeigen: «Siehe deine Mutter.» Gern betete der Heilige vor einem großen Kruzifix der königlichen Kapelle zu Granada. Da sah er eines Tages vom Altare die seligste Jungfrau und den hl. Johannes herabsteigen, die ihm die Dornenkrone des Heilands so tief aufs Haupt setzten, daß er große Schmerzen empfand. Zugleich hörte er die Stimme Mariens: «Johannes, durch Arbeiten und Leiden sollst du die Krone verdienen, welche dir mein Sohn bereit hält.» Als der Diener Gottes zum Kreuze aufschaute, sah er, daß der Heiland ohne Dornenkrone war, und entschlossen rief er aus: «Mein gütiger Erlöser, da es Dir gefiel, Dein unnützes Geschöpf so außerordentlich zu ehren, so beteuere ich Dir, daß in der Zeit, die Du mir noch schenkst, die durch Deine Hand mir gesandten Dornen, Arbeiten und Leiden für mich Rosen und Belohnungen sein sollen.»

Johannes von Gott — so nannte ihn zum erstenmal ein Bischof — hatte sich 12 Jahre im Dienste der Nächstenliebe geopfert. Vor dem Kreuzbild kniend, starb er am 8. März 1550 eines friedlichen Todes. Er hatte durch Maria die Tragik einer Jugendsünde durch das Opfer seines Lebens überwunden, und Gott hatte durch die Fürbitte Mariens aus dem Bösen unsagbar viel Gutes hervorgehen lassen, das bis heute weiter wirkt im Orden der Barmherzigen Brüder.

Kirchengebet zum hl. Johannes. O Gott, du ließest den hl. Johannes, von Deiner Liebe entbrannt, unversehrt durch Feuerflammen schreiten und machtest durch ihn Deine Kirche zur Mutter einer neuen Ordensfamilie. Verleihe uns kraft seiner Verdienste, daß wir durch das Feuer Deiner Liebe Genesung von unseren Fehlern und Heilmittel für die Ewigkeit erlangen. Durch Christus unsern Herrn. Amen.

Allmächtiger, ewiger Gott, Du ewiges Heil der Gläubigen, erhöre unsere Bitten für Deine kranken Diener, für die wir um Deine barmherzige Hilfe flehen, auf daß sie nach wiedererlangter Gesundheit Dir in Deiner Kirche ihren Dank darbringen. Durch Christus unsern Herrn. Amen.

DER HL. JOSEF VON CALASANZA

Stifter der Piaristen

Man kann diesen spanischen Priester einen Vorläufer von Don Bosco nennen, von dem wir morgen hören werden. Wie dieser litt auch Josef von Calasanza sehr schmerzlich unter der Verwahrlosung der Großstadtjugend, und auch er opferte sich auf in der Rettung und Betreuung dieser gefährdeten Jugend. Im Gegensatz zum Heiligen des gestrigen Tages hätten die Eltern, spanische Edelleute, es gern gesehen, wenn ihr Sohn die Soldatenlaufbahn ergriffen hätte; aber Josef wollte unbedingt Priester werden. Vorläufig konnte er nun wenigstens einmal studieren und war mit 20 Jahren schon Doktor beider Rechte. Aber erst eine schwere Krankheit veranlaßte den Vater, der für seinen Sohn eine glänzende Heirat vorsah, ihn Priester werden zu lassen.

Einer inneren Stimme folgend, ging Josef von Calasanza nach Rom. Er sah, wie die sittliche Verwilderung des Volkes zum Großteil religiöser Unwissenheit entstammte, und so sann er immer wieder nach, wie er die Gassenjungen von der Straße wegbringen könnte. Im hl. Kamillus hatte er zwar einen treuen Helfer bei der Pflege der Kranken, aber keine Ordensfamilie wollte sich mit der Sorge um die verwahrloste Jugend abgeben. So machte er sich selbst ans Rettungswerk. Der hl. Kamillus gewann ihm zwei Lehrer, ein Geistlicher stellte ihm zwei Zimmer zur Verfügung, und so entstand die erste Armenschule. Bald zählte die Gründung 100 Schüler, und immer mehr Lehrer stellten sich zur Verfügung. Um das Werk auf eine feste Grundlage zu stellen, schloß Josef seine Mitarbeiter zu einer religiösen Genossenschaft zusammen, der er den Namen gab: Orden der Regularkleriker von der Mutter Gottes der frommen Schulen — lateinisch: piarum scholarum, darum auch Piaristen genannt. Wie er selbst, trägt auch der Orden den Namen der Gottesmutter, das Ordenswappen die beiden Anfangsbuchstaben des Namens Maria mit der Krone darüber. Das Hauptgebet, mit dem alle geistlichen Übungen abschließen, ist das «Unter deinen Schutz und Schirm». Alle Marienfesttage werden feierlich begangen, täglich muß nach den Ordenssatzungen nicht nur der

Rosenkranz, sondern auch eine Coronula gebetet werden, die aus fünf Psalmen besteht, deren Anfangsbuchstaben den Namen Maria ergeben. Unter den sieben Visionen der Gottesmutter, die der hl. Josef von Calasanza hatte, ist jene die tröstlichste, da er mit seinen Schülern betete und plötzlich Maria vor sich sah, die ihn, seine Kinder um ihn und sein Werk wie mit einer Monstranz segnete. Ein häufiger Ausspruch des hl. Ordensstifters seinen Mitbrüdern und Kindern gegenüber war: «Meine lieben Söhne, preiset das allerheiligste Sakrament und nehmt Zuflucht zur seligsten Jungfrau, die unsere Mutter ist.»

Aus dieser Marienliebe heraus setzte er seine ganze Kraft für das Jugendwerk ein und schlug deshalb mehrere Bistümer und selbst die Kardinalswürde aus, die ihm angeboten wurden. Nur das Amt des Ordensgenerals ließ er sich auf Lebzeiten übertragen. Freilich brachte ihm gerade diese Würde die bittersten Enttäuschungen. Einer seiner Mitarbeiter wurde zum Judas und brachte durch geschickt gesponnene Verleumdungen den 86jährigen Heiligen in das Untersuchungsgefängnis. Man entzog ihm die Ordensleitung, und wenn sich auch bald seine Unschuld herausstellte, so hatte doch der Orden schwer gelitten. Klaglos begann er von neuem sein Werk und erlebte es noch, seinem verräterischen Ordensbruder beim Sterben Beistand leisten zu können.

Mit 92 Jahren starb der Heilige am 15. August 1648, tief betrauert von allen Römern, die sich so um seinen Leichnam drängten, daß die päpstliche Schweizergarde an seinem Sarg aufmarschieren mußte. Manchen, die den bösen Zungen geglaubt, öffneten die Wunder die Augen, die er an Kranken und Toten wirkte. Sein schönstes Wort ist: «Lassen wir Gott walten, für Jesus Schmach leiden ist unser Beruf.»

Der Zwölf-Sterne-Kranz des hl. Josef von Calasanza.
Lob und Dank sei der Hochheiligen Dreifaltigkeit, die uns die Jungfrau Maria zeigte, mit der Sonne umkleidet, der Mond zu ihren Füßen und über ihrem Haupt ein geheimnisvoller Kranz von zwölf Sternen.
R. Lob und Dank sei ihr in alle Ewigkeit. Amen.
Lob und Dank sei Gott dem Vater, der sie zur Tochter erwählte.
R. Amen. Vater unser.
Gelobt sei Gott der Vater, der sie vorherbestimmte zur Mutter seines göttlichen Sohnes.
R. Amen. Gegrüßet seist du, Maria.
Gelobt sei Gott der Vater, der sie bei ihrer Empfängnis vor jeder Sünde bewahrte.

R. Amen. Gegrüßet seist du, Maria.

Gelobt sei Gott der Vater, der sie bei ihrer Geburt mit den höchsten Vorzügen schmückte.

R. Amen. Gegrüßet seist du, Maria.

Gelobt sei Gott der Vater, der ihr als Gefährten und reinsten Bräutigam den heiligen Joseph gab.

R. Amen. Gegrüßet seist du, Maria. Ehre sei dem Vater.

Lob und Dank sei Gott dem Sohne, der sie zur Mutter erwählte.

R. Amen. Vater unser.

Gelobt sei Gott der Sohn, der in ihrem Schoße die Menschennatur annahm und neun Monate darin wohnte.

R. Amen. Gegrüßet seist du, Maria.

Gelobt sei Gott der Sohn, der von ihr geboren wurde und an ihrer Brust sich nährte.

R. Amen. Gegrüßet seist du, Maria.

Gelobt sei Gott der Sohn, der als Kind von ihr erzogen werden wollte.

R. Amen. Gegrüßet seist du, Maria.

Gelobt sei Gott der Sohn, der ihr den geheimnisvollen Ratschluß der Welterlösung offenbarte.

R. Amen. Gegrüßet seist du, Maria. Ehre sei dem Vater.

Lob und Dank sei dem Heiligen Geiste, der sie als Braut erwählte.

R. Amen. Vater unser.

Gelobt sei der Heilige Geist, der ihr seinen Namen offenbarte.

R. Amen. Gegrüßet seist du, Maria.

Gelobt sei der Heilige Geist, durch dessen Wirken sie Jungfrau und Mutter zugleich war.

R. Amen. Gegrüßet seist du, Maria.

Gelobt sei der Heilige Geist, durch dessen Kraft sie ein lebendiger Tempel der Heiligsten Dreifaltigkeit wurde.

R. Amen. Gegrüßet seist du, Maria.

Gelobt sei der Heilige Geist, durch den sie im Himmel über alle Geschöpfe erhoben wurde.

R. Amen. Gegrüßet seist du, Maria. Ehre sei dem Vater.

DER HL. JOHANNES BOSCO

Stifter der Salesianer

Am 24. Mai des Jahres 1814 war Pius VII. unter dem Jubel des Volkes wieder in Rom eingezogen, nachdem Kaiser Napoleons Stern erblichen war, der ihm den Kirchenstaat geraubt und ihn verbannt hatte. Zum Andenken an diesen Tag setzte der Papst das Fest Maria, Hilfe der Christen, ein, das wir heute feiern. Das Bild, das unter diesem Namen bekannt ist, war Don Boscos Marienbild, das er glühend verehrte und dessen Verehrung er in seinem Orden förderte. 1815, im Jahr, in dem das Fest Maria, Hilfe der Christen, zum erstenmal gefeiert wurde, war Johannes Bosco in der Nähe von Turin von einer frommen Mutter geboren worden. Frühzeitig verlor er seinen Vater, und daher konnte er seinen Lieblingswunsch, Priester zu werden, nicht in die Tat umsetzen. Durch seine Kraft und Geschicklichkeit schien er auch eher zu einem Artisten und Tausendkünstler als zum Priester geboren. Aber in seinem neunten Lebensjahr hatte er ein Traumgesicht, das ihn nie mehr verließ: Auf einem Platze sah er viele Knaben, die ein rohes Gebaren zeigten und Gotteslästerungen ausstießen. Er trat unter sie und verwies es ihnen ernstlich. Da stand vor ihm ein Herr mit gütigem Antlitz und sprach: «Johannes, nicht mit Gewalt, sondern durch Güte mußt du die Jugend gewinnen.» Gleich darauf legte eine Frau von unaussprechlicher Schönheit in einem sternenbesäten Mantel ihm die Hand aufs Haupt und sprach: «Sei gut und fleißig, und du wirst zu gegebener Zeit alles verstehen.» Als Johannes der Mutter diesen Traum erzählte, sagte die kluge Frau: «Hans, du wirst Priester werden.» So wurde denn auch Johannes mit allen Widerständen fertig. Mit einem unglaublichen Talent, seine Kameraden zu unterhalten, hatte er es darauf abgesehen, sie zum Guten anzuhalten und zu Maria hinzuführen. So brauchte ihm seine Mutter beim Eintritt ins Priesterseminar nicht erst zu sagen: «Darfst du Priester werden, dann werde ein Apostel Mariens!» «Mutter», hatte er weinend geantwortet, «ich werde deine Worte nicht vergessen, sie sind der größte Schatz meines Lebens.»

Am Fest der Unbefleckten Empfängnis 1841 entdeckte er seinen Beruf, als der Mesner einen verwahrlosten Buben wegjagen wollte, der ihm in die Sakristei gefolgt war: sich der verlassenen und verwahrlosten und unwissenden Jugend anzunehmen. Er wird Seelsorger an einem Krankenhaus, bekommt zwei Zimmer und eine Kapelle für seine Buben, die er unterrichtet und mit denen er betet. Weil er sich die Güte und Milde des hl. Franz von Sales zum Vorbild nimmt, weiht er die Kapelle dem hl. Franz von Sales, und später bekommt seine ganze Genossenschaft den Namen Salesianer.

Die Folgsamkeit gegen Mariens Wink kennzeichnet seine Marienverehrung. Was er in Traum- oder Erleuchtungszuständen sieht, das erwartet er bestimmt von der Güte seiner himmlischen Mutter. Sie trat wiederholt als Schäferin vor seinen Geist, die reißende Wölfe in Lämmer verwandelte, die ihm genau den Platz der künftigen Stiftung und deren Wachstum zeigte. Und wenn er für die Ausführung dieser Pläne etwas brauchte, dann ging er zu ihr. Zur Vollendung der Mariahilfkirche erflehte er z. B. die Genesung eines großen Wohltäters. Zahllose Sünder bekehrten sich, wenn er zur Hilfe der Christen gebetet hatte. Wiederholte Attentate auf sein Leben verhinderte Maria oder machte sie unschädlich.

Er gründete das Institut der Töchter Mariens, der Hilfe der Christen. Bei der Einkleidung der ersten Schwestern sagte er: «Ich will, daß das neue Institut ein Denkmal der Dankbarkeit sei für die außerordentlichen Wohltaten, welche ich von dieser guten Mutter empfing.» Diese Mariahilfschwestern nehmen sich der armen verlassenen Mädchen an und sind der weibliche Zweig der Salesianer. Auf seinen Lippen waren beständig kindlich vertrauensvolle Anrufungen Mariä. «Oh, wie gut ist Maria», rief er bei vielen Gelegenheiten aus. Wenn man ihn wegen seiner großen Leistungen hervorhob, dann berichtigte er es allsogleich und sprach: «Diese guten Leute wissen nicht, wer Don Bosco ist. Wer das alles vollbringt, ist Maria, die Hilfe der Christen.» Mit Recht konnte er sagen: «Maria ist meine Schatzmeisterin — alles, was wir haben, verdanken wir ihr.» Schon seine Geburt fällt in das Jahr, in dem das Fest Maria Hilfe zum erstenmal gefeiert wurde, das für ihn soviel bedeuten sollte.

Den Bau der Basilika «Helferin der Christen» begann er mit 40 Centesimi und sagte ruhig zum Architekten: «Seien Sie unbesorgt, die Madonna wird daran denken, das nötige Geld herbeizuschaffen.» Sie kostete eine Million. Als Wundertaten vonnöten schienen, um das Werk fortzusetzen, sagte er zu Maria: «Nun fangen wir an», und er wirkte seine erste Wunderheilung.

Wenn man ihn auch als Geisteskranken ansah, die Regierung verständnislos, die kirchlichen Behörden mit Mißtrauen seinem großen Sozialwerk gegenüberstanden, wenn selbst Mordanschläge auf ihn verübt wurden, Don Bosco rastete nicht und sprach: «Der Teufel rastet auch nie, den Seelen zu schaden. Ich werde ausruhen, wenn ich einmal einige Kilometer über dem Mond bin.» Die Arbeit lohnte sich. 1857 wurde der erste Zögling zum Priester geweiht. Bei seinem Tode besaß die Genossenschaft 200 Häuser mit 200 000 Zöglingen. Es erfüllte sich des Heiligen Wort: «Wer von der Arbeit getötet stirbt, zieht auf seinen Posten Hunderte, die ihn ersetzen.»

Am Tage vor seinem Tode grüßte er noch Maria mit den Worten: «Mutter, morgen, morgen! Öffne mir die Pforte des Paradieses!» Am 31. Januar 1888, als man in der von ihm erbauten Mariahilf-Kirche den Engel des Herrn läutete, ging der große Marienverehrer und Jugendapostel zu seiner himmlischen Mutter.

Gebet des hl. Johannes Bosco zur Hilfe der Christen. Maria, du mächtige Jungfrau, du bist die hohe, ruhmvolle Schützerin der Kirche, die wunderbare Hilfe der Christen. Du bist furchtbar wie ein zum Kampf gerüstetes Kriegsheer. Du allein hast alle Irrtümer überwunden auf der ganzen Erde. Schütze uns in unseren Bedrängnissen, Kämpfen und Nöten vor dem Feinde, und in der Stunde unseres Todes nimm unsere Seele auf in den Himmel. Amen.

Zum hl. Johannes Bosco. Ruhmreicher heiliger Johannes Bosco, um die Jugend hinzuführen zum göttlichen Lehrmeister und sie zu erziehen nach den Lehren des Glaubens und der christlichen Sitte, hast du dich heldenmütig geopfert bis ans Ende deines Lebens und hast einen eigenen Orden gegründet, um dein edles Werk weiterzuführen und es auszudehnen bis an die äußersten Grenzen der Erde.

Erbitte auch uns vom Herrn eine heilige Liebe zur Jugend, die so vielfach der Verführung ausgesetzt ist, und gib, daß wir hochherzig uns bemühen, sie zu schützen vor den Nachstellungen des bösen Feindes, sie zu bewahren vor den Gefahren der Welt und sie fromm und rein auf dem Weg zu geleiten, der zu Gott hinführt. Amen.

DER HL. ALPHONS VON LIGUORI

Stifter der Redemptoristen

Neben dem Bild Maria Hilfe gibt es in Rom ein anderes berühmtes Gnadenbild, das sich nennt: Maria von der immerwährenden Hilfe. Diese Kirche ist dem hl. Alphons von Liguori geweiht, der am 29. Mai 1839 zusammen mit Franz Hieronymo, der einst an seiner Wiege gestanden hatte, heiliggesprochen wurde. Dieser heilige Jesuitenmissionar hatte zu den Eltern des kleinen Alphons gesagt: «Das Büblein wird sehr alt werden, die Bischofswürde erlangen und Großes wirken für Jesus Christus.» In der Tat, Alphons starb mit 91 Jahren als Stifter der Redemptoristen, die so unsäglich viel Gutes für das Reich Gottes tun bis zur Stunde.

Der talentierte junge Graf wurde mit seiner Beredsamkeit und scharfen Urteilskraft ein glänzender Advokat, bis er einmal einen Rechtsstreit verlor, der um Millionen ging. Mit bebender Stimme mußte er dem Gegner sagen: «Die Urkunde gibt Ihnen recht, ich habe mich geirrt.» Schamübergossen eilte er aus dem Saal. Sein Ehrgeiz hatte einen tödlichen Stoß erlitten. Drei Tage schloß er sich ein, rang mit Gott und seiner Seele, bis er sich entschloß, aus dem Anwalt rechtsuchender Menschen ein Anwalt des heilsuchenden Gottes zu werden. Alfonso opferte seinen Degen der lieben Gottesmutter und wurde Priester, der sich um die verlassenen Bauern und Pächter annahm und in der Gluthitze des Sommers wie in der Kälte des Winters durch malariaverseuchte Orte eilte. Ein Bischof überzeugte ihn, daß sich die durchgreifende Missionierung des Landvolkes nicht ohne den Rückhalt einer festen Genossenschaft durchführen lasse. So gründete Alphons im Jahre 1732 jene Gesellschaft, die in der getreuen Nachfolge des göttlichen Erlösers (Redemptor) den Sündern und Armen nachgehen und sich ganz für sie opfern wollte. Mit der Stiftung der Redemptoristen aber begann für ihn ein Kreuzweg, der erst in der Sterbestunde enden sollte. All ihre Kräfte bot die Hölle auf, um das Werk des Heiligen zu zerstören. Schwer litt er unter der Lüge und Verleumdung, die ihm selbst das Wohlwollen des Hl. Vaters entzog.

Am schlimmsten aber waren die inneren Trostlosigkeiten, an denen er litt. «Ich gehe zu Jesus», sagt er, «und er stößt mich zurück, ich flehe zu Maria, und sie hört mich nicht. Ich sage: mein Jesus, ich liebe dich, und ich höre die Antwort: du lügst.» Er, der als Beichtvater und Prediger, als Missionar und Schriftsteller ungezählte Seelen so sicher auf dem Weg des innerlichen Lebens geleitet und all ihre Ängste mit einem einzigen Wort zerstreut hatte, geriet jetzt selbst in solche Gewissensnot, daß er sich nicht zu helfen wußte. Überall sah er Sünde, immer fürchtete er, Gott zu beleidigen. Das Gebet brachte ihm keine Erleichterung, es waren schreckliche Kämpfe, die der Heilige zu bestehen hatte. Der, welcher so viele Seelen zu führen hatte, mußte aus Erfahrung lernen, was er jenen bedrängten Seelen raten sollte. Durch das Dunkel innerer Trostlosigkeit und durch das Feuer heißer Versuchungen konnte Alphons erst zu jenem erfolgreichen Missionar werden, der Tausende bekehrte und erschütterte.

Maria blieb in allen Dunkelheiten des Lebens seine Zuflucht, und so war sein ganzes Leben und sein ganzes Werk von Anfang bis zum Ende unter den Segen der Mutter gestellt. Am Ende gestand er, daß er über alle Angelegenheiten, die seinen Orden betrafen, zuerst Maria befragt und daß sie ihm herrliche und große Dinge mitgeteilt habe. Er redet Maria an: «Wenn es wahr ist, daß du, o Königin, jene bist, die unsere Seele zu Gott führt, dann warte nicht darauf, daß ich selbst zu meinem Herrgott gehe, sondern trage du mich auf deinen Armen zu ihm hin. Und wenn ich mich widersetze, so nimm mich mit Gewalt — zeige dem Himmel, wie mächtig du bist. Wirke nach so vielen Wundern noch dieses Wunder der Barmherzigkeit, daß eine Seele zu Gott hingezogen werde, die sich so weit von Gott entfernt hat.»

In seinen Marienpredigten sprach er mit solcher Kraft und Begeisterung von den Vorzügen Mariens, daß die Menschen scharenweise herbeiliefen, und die verstocktesten Sünder wurden durch sie bekehrt. Viele sahen dann sein Angesicht von einem Strahlenschein erglänzen, der von einem Marienbild ausging und ihn selbst in himmlische Verzückung versetzte. Für seine Missionare gibt er die Anweisung: «Es ist für unsere Missionen unabänderliche Vorschrift, die Muttergottespredigt nie zu unterlassen, und wir können mit aller Sicherheit bezeugen, daß gewöhnlich keine Predigt mehr Segen bringt und mehr zur Bekehrung beiträgt als die über die Barmherzigkeit Mariä.»

Es war damals gar nicht leicht, über Maria zu predigen. Darum griff auch der Heilige zur Feder und sammelte mit größtem Fleiß alles, was je zum Lobe der Gottesmutter geschrieben und gedichtet wurde. Was sich nach dem damaligen Stande der theologischen Wissenschaft und aus den Vätern, den Schriften der Gottesgelehrten für die Marienverehrung anführen ließ, das legte er nieder in seinem Büchlein «Die Herrlichkeiten Mariens». Der ritterliche Kämpfer hatte nicht umsonst gefochten; er bereitete den neuen marianischen Frühling vor, der bald nach seinem Tode begann. Er dichtete und vertonte einfache Marienlieder, welche das Volk bei der Arbeit und auf den Feldern singen konnte, und sang so den schlichten Menschen das Vertrauen und die Liebe zur Himmelsmutter ins Herz.

Es war die Mittagsstunde des 1. August 1787, als unter dem Läuten des Engel des Herrn Alphons als Greis von 91 Jahren im Kreise seiner Mitbrüder starb, nachdem er den Siegesruf gejubelt hatte: «Es ist vollbracht, Vater, in Deine Hände befehle ich meinen Geist!»

Gebet des hl. Alphons von Liguori zu Maria. Heilige Maria, Mutter Gottes, wie oft habe ich durch meine Sünden die Hölle verdient! Das Urteil wäre wohl bei meinem ersten Falle schon vollzogen worden, hättest du in deiner Güte nicht der Gerechtigkeit Gottes Einhalt geboten. Du hast mir meine Selbstsicherheit genommen und mir Vertrauen zu dir eingeflößt. Doch wie oft wäre ich in der Folge noch gefallen in den Gefahren, die mir begegnet sind, hättest du, liebevolle Mutter, mich nicht davor bewahrt durch die Gnaden, die du mir erwirkt!

Doch was nützt mich deine Güte, hohe Königin, was nützen mich die Gnaden, die du mir geschenkt, wenn ich doch verlorengehe? Wohl habe ich eine Zeitlang dich nicht geliebt, doch jetzt will ich dich nach Gott mehr lieben als alles andere. Darum laß nicht zu, daß ich aufs neue dir und Gott den Rücken kehre. Er hat mir ja durch deine Vermittlung so viel Erbarmen geschenkt.

Kannst du mit ansehen, wie einer deiner Diener, der dich liebt, verworfen wird? Maria, was meinst du? Darf ich verlorengehen? Ich gehe sicher verloren, wenn ich mich von dir trenne. Doch wer kann es übers Herz bringen, sich von dir zu trennen? Wer kann die Liebe vergessen, die du mir erwiesen? Nein, wer sich aufrichtig dir empfiehlt und an dich sich wendet, geht nicht verloren.

Teure Mutter, laß mich nicht allein; dann gehe ich verloren. Hilf mir, daß ich jederzeit zu dir rufe! Rette mich, meine Hoffnung, bewahre mich vor der Hölle und zunächst vor der Sünde; denn sie allein kann mich der Hölle überliefern.

Gegrüßet seist du, Maria (dreimal).

DER HL. PHILIPP NERI

Stifter der Oratorianer

Am 26. Mai 1595 ging der Heilige, dessen Fest wir heute feiern, als Achtzigjähriger in die Ewigkeit, es war der Abend des Fronleichnamsfestes. Tags zuvor hatte er noch das hl. Meßopfer gefeiert, zu dem er meist zwei Stunden brauchte, denn die Vereinigung mit Jesus war nicht nur sein Himmel auf Erden, sondern auch seine Kraftquelle und die Ursache seiner Freude und Heiterkeit, die ihn unter allen Heiligen besonders auszeichnet. Dazu trug aber auch die innige Marienliebe des Heiligen bei, der wußte und zeigte, daß Marienkinder frohe Menschen sind, denn sie haben die schönste, die liebenswürdigste und mächtigste Mutter.

Das Geburtsjahr des Heiligen fällt mit dem der großen hl. Theresia zusammen, 1515. Er war ein rechter Sohn des heiteren Florenz. Bei den Dominikanern gut geschult, saß er eine Zeitlang hinter den Rechnungsbüchern seines Onkels, dessen reiches Erbe er einmal antreten sollte. Aber Philipp machte einen Schlußstrich unter sein bisheriges Leben und zog ohne einen Pfennig in der Tasche nach Rom, wo er als Erzieher seinen Lebensunterhalt verdiente. Die freie Zeit verbrachte er betend und betrachtend in den dunklen Stollen der Katakomben, und oft seufzte er vor Seligkeit: «Laß ab, o Herr, laß ab, denn die menschliche Schwäche vermag nicht das Übermaß solchen Jubels zu tragen. Halte ein, o Herr, oder ich sterbe!» Als der 29jährige am Pfingstfest 1544 hier weilte, erreichte die Glut seiner Liebe für Gott den Höhepunkt, daß der Brustkorb gar nicht mehr genug Raum für das stürmische Pochen seines Herzens hatte und die Brustwand sich um Faustdicke über dem Herzen erhoben hatte.

Bald begann er sein Apostolat unter den Kranken, Arbeitern und Straßenjungen, bis sich Philipp auf das Drängen von Priestern entschloß, am 23. Mai als 36jähriger die Priesterweihe zu empfangen, um auch als Beichtvater sein Apostolat fortsetzen zu können, das ihn oft 12—15 Stunden am Tage in Anspruch nahm. Er wollte nur frohe Menschen um sich sehen, denn er sagte, die Fröhlichen seien leichter auf den

Weg der Tugend zu führen als die Traurigen. Sein Grundsatz im Umgang und bei der Erziehung der Jugend war: «Wenn sie nur keine Sünde tun, dann mögen sie auf meinem Rücken Holz spalten.»

Um ihn sammelten sich aber auch die besten und gelehrtesten Männer Roms. 15 Päpste sah Philipp in Rom einziehen und sterben, viele von ihnen besuchten ihn auf seinem ärmlichen Zimmer und küßten ihm die Hand, ein hl. Ignatius, Karl Borromäus, Kamillus und Franz v. Sales kletterten die steile Stiege zu seiner Wohnung hinauf, um den fröhlichen Heiligen Roms zu sehen und zu hören. Die eifrigsten Schüler kamen allwöchentlich in einer Kapelle oder einem Oratorium zusammen, und aus diesen Zusammenkünften entwickelte sich später die Kongregation der Oratorianer, die auch bei uns in Deutschland so Bedeutendes leisten. Kein Gelübde verpflichtet sie auf eine Regel, ihr einziges Band soll die Liebe und der Wille zum Apostolat sein. In Gebet, Schriftlesung, Vortrag und geistlichen Liedern empfingen sie jene Glut der Selbstaufopferung, die sie befähigte, die Saat des Evangeliums in den Werkstätten, auf den Straßen und Gassen auszustreuen. Ihnen ist es zu danken, wenn die Stadt der Sinnenlust wieder zur Stadt der heiligen Freude in Gott wurde.

Der immer fröhliche Heilige gab der Maiandacht feste Form. Vor dem Bilde der Gottesmutter läßt er die Jugend Kränze winden, beten und Lieder singen. Bei jeder Andacht legte der Priester ein «fioretto», ein Blümchen, vor, das ist eine besondere Tugend, die man an diesem Tage zu Ehren der Gottesmutter üben will. So bekommt die Maiandacht einen Zug freudigen Gebens. Wir dienen einer Königin. Froh, tapfer und rein gilt es ihr auf dem Weg der Tugend zu folgen, an der Hand der Mutter geht das Leben froher und freier dahin, unser Wandel rückt uns in die Nähe der Mutter, der gütigen, der königlichen Mutter.

Kein Kind könnte gegenüber seiner Mutter eine solche Freude und Liebe empfinden wie Philipp gegen Maria. Er nannte Maria seine Freude, seine Liebe, seinen Trost. Jeder, der ihn über Maria reden hörte, brach in Tränen aus. Wiederholt erschien ihm Maria. Sie heilte ihn auch plötzlich, als er hochbetagt schwer krank wurde. Ärzte und Priester sahen ihn mehr als einen Fuß hoch über seinem Bette schweben und die Hände ausstrecken, wobei er rief: «O meine teuere Mutter und Herrin, ich verdiene nicht, daß du zu mir kommst, um mich zu besuchen und zu heilen. Was soll ich denn für dich tun, wenn du mich wieder gesund machst, ich, der ich niemals etwas Gutes getan habe?»

Möchten wir alle jenem Orden angehören, den Sankt Philipp gründen wollte und von dem er sagte: «Unsere einzige Regel ist die Liebe. Denn diese, gut erfaßt und gut ausgeübt, genügt zur guten Leitung einer Kongregation und zur Heiligung ihrer Seelen.»

Gebet zum hl. Philipp Neri um Beharrlichkeit. Heiliger Philipp, mein Schutzpatron, du warst stets treu im Guten; du hast zur Beharrlichkeit gemahnt und geraten, immer wieder darum zu beten, auch durch die Fürsprache der seligen Jungfrau. Du wolltest, daß deine geistigen Söhne sich nicht überladen mit Andachtsübungen, vielmehr die bereits begonnenen treu zu Ende führen.

Du siehst, wie ich so leicht ermüde in dem Guten, das ich begonnen, und so rasch die guten Vorsätze vergesse, die ich schon so oft gefaßt. Ich bitte dich: Erwirke mir die große Gnade, nie mehr meinen Gott zu verlassen und seine Gnade zu verlieren, vielmehr treu zu bleiben in meinen frommen Übungen und, gestärkt durch die heiligen Sakramente und reich an Verdiensten für die Ewigkeit, im Frieden des Herrn meine Seele auszuhauchen.

Vater unser. Gegrüßet seist du, Maria. Ehre sei dem Vater.

Demütiger, heiliger Philipp, bitte für mich bei der makellosen Jungfrau und Gottesmutter!

DER HL. SIMON STOCK

Neubegründer des Karmeliterordens, Stifter der Skapulierbruderschaft

Heute feiert die Kirche das Fest des hl. Kirchenlehrers Beda des Ehrwürdigen von England, aber wir wollen bei einem anderen großen Marienverehrer Englands verweilen, der uns die Gnade des hl. Skapuliers vermitteln durfte, es ist der hl. Simon Stock.

Aus einer vornehmen Familie stammend, war Simon 1164 geboren. Schon als 12jährigen Knaben trieb ihn die Gnade an, die Welt zu verlassen und in einer hohlen Eiche in der Wildnis zu leben. Kräuter, Wurzeln und Wasser waren seine einzige Nahrung. Durch die Kreuzzüge wurden die Mönche vom Berg Karmel in Europa bekannt, die schon in der ältesten christlichen Zeit auf diesem Berg in Palästina eine Kirche und ein Kloster zu Ehren der Gottesmutter gebaut hatten. Dort oben auf dem Berge sah ja einst der Prophet Elias das regenbringende Wölklein über dem Meere aufsteigen, das nach langer Dürre der dürstenden Erde wieder Fruchtbarkeit schenkte und das von jeher als Sinnbild Mariä aufgefaßt wurde.

Nachdem Simon Stock selbst diese Wiege der Karmelitermönche besucht und sechs Jahre in eifriger Verehrung Mariens zugebracht hatte, kehrte er nach England zurück, um die vom Verfall bedrohte Genossenschaft wieder zu beleben. Er wurde General dieses Ordens, aber er wußte, daß er ohne die Hilfe Mariens nichts erreichen könne. So flehte er zu Maria um ein Zeichen der Gewährung dieser Hilfe. Da erschien ihm im Jahre 1251 die Gottesmutter in Begleitung einer Schar von Engeln, überreichte ihm das braune Skapulier seines Ordens und sprach: «Nimm hin, geliebter Sohn, dieses Skapulier als Zeichen des Vorrechtes, das ich für dich und die Kinder des Karmels erlangt habe. Wer damit bekleidet stirbt, wird das Feuer der Hölle nicht schauen. Es ist ein Zeichen des Heiles, ein Schutzmittel in Gefahren und das Unterpfand meines besonderen Schutzes im Leben und im Sterben.» Jetzt strömten viele fromme Gläubige herbei, um dieses Kleid zu empfangen, nicht nur Ordensleute, auch Weltleute ließen sich mit diesem Kleide unter den Schutz Mariens stellen. Später entwickelte sich daraus die Skapulierbruderschaft, die auch ohne Zugehörigkeit zum Orden das Kleid der Gottesmutter tragen wollte. Dabei wurde es der Bequemlichkeit und Unauffälligkeit halber immer mehr verkürzt, bis heute nur noch zwei kleine braune Stofflappen übriggeblieben sind, welche durch Bänder zusammengehalten auf Brust und Rücken getragen werden.

Auch andere Orden ahmten diese Art von Teilnahme der Weltleute an den Privilegien ihres Ordens nach, und so entstand daraus das heute übliche fünffache Skapulier, das mit roten Schnüren zusammengehalten ist und Tag und Nacht getragen werden muß. Heute darf sogar eine geweihte Skapuliermedaille Ersatz dafür sein.

Papst Johannes XXII. empfing von Maria noch das Versprechen, daß jene, welche die standesgemäße Keuschheit bewahrt haben und alle Samstage eine besondere Andachtsübung zu Ehren der Gottesmutter verrichten, also z. B. die lauretanische Litanei beten, an dem auf ihren Todestag kommenden Samstag aus dem Fegfeuer befreit werden. Die Mitglieder dieser Skapulierbruderschaft wissen, daß ihnen dieses äußere Zeichen nur dann jene versprochene Gnaden gewährt, wenn sie die Bedingungen erfüllen: standesgemäße Keuschheit und eifrige Marienverehrung. Tatsache ist, daß schon viele auffallende Wunder in der Todesstunde die Kraft des hl. Skapuliers bestätigt haben.

Als man Leo XI. aus dem berühmten Adelsgeschlecht der Medici von Florenz am 1. April 1605 mit den päpstlichen Gewändern bekleidete und ihm die früheren auszog, wollte man ihm auch das damals noch größere Skapulier abnehmen, in der Meinung, das päpstliche Kleid ersetze alle anderen. Da wehrte sich der fromme Marienverehrer, der das Skapulier von Jugend auf getragen hatte, mit den Worten: «Laßt mir Maria, damit Maria mich nicht verlasse!»

In rechter Gesinnung getragen, ist das Skapulier also gewiß eine von der Kirche, ja von Maria selbst anerkannte Form, sich unter den Schutz Mariens zu stellen.

Gebet zur hl. Jungfrau Maria vom Berge Karmel. Gebenedeite Jungfrau, du bist voll der Gnaden, die Königin der Heiligen. Gerne verehre ich dich unter dem Titel «Unsere Liebe Frau vom Berge Karmel». Er erinnert mich an die Zeit des Propheten Elias. Damals wurdest du über dem Karmel vorgebildet durch die kleine Wolke, die immer größer wurde und einen wohltuenden Regen brachte. Es war ein Sinnbild der Gnaden, die du uns gebracht, die uns Menschen heiligen. Seit den Zeiten der Apostel wirst du verehrt unter diesem geheimnisvollen Titel.

Eine Freude ist es mir, wenn ich daran denke, daß wir uns deinen ältesten Verehrern anschließen und mit ihnen dich grüßen dürfen: Du Zierde des Karmel, du Ruhm des Libanon, du reinste Lilie, du geheimnisvolle Rose im blühenden Garten der Kirche.

Doch denke an mich Armen, du Jungfrau der Jungfrauen, und zeige, daß du meine Mutter bist! Gieße über mich immer wirkungsvoller das Licht des Glaubens aus, der dich selig machte! Entzünde in mir die himmlische Liebe, mit der du deinen Sohn Jesus Christus geliebt hast!

Ich bin voll geistiger und leiblicher Not. Seelische und körperliche Leiden kommen von allen Seiten in großer Zahl über mich. Darum berge ich mich wie ein Kind unter deinem mütterlichen Schutz.

Mutter Gottes, du vermagst so viel. Erflehe mir von Jesus, dem Hochgebenedeiten, die himmlischen Tugenden der Demut, Reinheit und Sanftmut! Sie waren der schönste Schmuck deiner makellosen Seele. Gib, daß ich stark bleibe in den Versuchungen und Bitternissen, die so häufig über mich kommen!

Und wenn einst nach Gottes Willen meine irdische Pilgerfahrt zu Ende geht, dann gib, daß meine Seele durch die Verdienste Jesu Christi und deine Fürsprache eingehen darf in die himmlische Herrlichkeit. Amen.

DER HL. AUGUSTINUS

Begründer der Augustiner-Regel

Heute feiert die Kirche das Fest des hl. Augustinus, welcher der Apostel Englands war und am 26. Mai als Erzbischof von Canterbury starb. – Doch wir wollen hier von dem bekannteren Augustinus hören, von dem Sohn der hl. Monika, was er über Maria zu sagen weiß, denn nach ihm benennt sich eine ganze Reihe von Orden und religiösen Vereinigungen, die alle jene Regel als Grundlage ihres Gemeinschaftslebens haben, die Augustinus für die Frauen im Kloster von Hippo niedergelegt hat, wo er Bischof war. Diese Regel hatte das Ideal der Christen in der Urkirche zum Vorbild und als Hauptgrundlage die Liebe und den Gehorsam. Augustinus selbst befolgte sie in dem gemeinsamen Leben, das er mit seinen Klerikern führte, aber ein direkter Zusammenhang mit den Augustiner-Chorherren und anderen Ordensgesellschaften ist nicht gegeben. Die Augustinerregel hat 70 Heiligen als Lebensnorm gedient, und es waren große Marienverehrer darunter, so der hl. Nikolaus von Tolentino und Thomas Villanova.

Das Leben des heiligen Kirchenlehrers ist bekannt, und wir brauchen nur in großen Zügen daran zu erinnern, daß er erst nach langen Irrungen und Irrtümern durch das anhaltende Gebet seiner Mutter Monika und die Predigt des hl. Ambrosius in der Osternacht 387 im Alter von 33 Jahren zum Glauben und zur Taufe fand.

Mit großer Leidenschaft wandte er sich dem neugefundenen Gott zu und führte mit seinen Freunden ein Leben in klösterlicher Zurückgezogenheit und Gemeinschaft, bis ihn der Wille der Kirche zum Priestertum und zum Bischofsamt berief. Bald wurde der Name Augustinus zum Siegesruf der Katholiken und zum Schrecken der Irrgläubigen. So scharf aber Augustinus im Kampf gegen den Irrglauben war, so gütig und gerecht war er gegen die Irrenden. Was Augustinus in der Kirche mit unsäglicher Mühe aufgebaut hatte, zerstörten die arianischen Vandalen, die 429 in Afrika unter Geiserich eingebrochen waren. Während draußen eine Welt in Trümmer sank, machte Augustinus noch einmal seine Rechnung mit Gott, ehe er starb.

Zur Zeit des hl. Augustinus, in der erst die großen christologischen Streitfragen ausgetragen wurden, gab es noch keine liturgische und persönliche Marienverehrung in unserem Sinne. Aber in den Reden, Schriften und Predigten versäumt der Heilige keine Gelegenheit, die Geheimnisse, Gnadenvorzüge und Tugenden Mariens darzulegen. Ja, er legt mit anderen Kirchenlehrern, z. B. mit Ambrosius und Hieronymus, den dogmatischen Grund für die in der Folgezeit sich so reich entwickelnde Verehrung der Mutter des Herrn. Seine Darlegungen werden mit einer solchen Wärme und Innigkeit geführt, daß sein persönliches Denken und Fühlen mitschwingt und seine Liebe und kindliche Verehrung gegen die Mutter des Herrn eine laute Sprache spricht.

Es sind vor allem sechs Punkte in den Schriften des hl. Augustinus, die die Würde und Stellung Marias beleuchten:

1. Maria ist Mutter Christi und damit Mutter Gottes. Ein Jahr nach dem Tod des hl. Augustinus wurde diese Lehre als erstes marianisches Dogma verkündet, und Augustinus hat dazu viel Vorarbeit geleistet. Weil in Christus die zwei Naturen in einer Person geeint sind, darum ist Maria nicht nur Mutter Christi, sondern auch Mutter Gottes. Der Mensch Christus hat nie für sich allein existiert, sondern war von Anfang an mit der zweiten göttlichen Person verbunden.

2. Maria ist Mutter und Jungfrau. Die Empfängnis und die Geburt des Gottessohnes haben in Maria die Jungfrauschaft nicht zerstört oder verdunkelt, sondern geheiligt, weil sie auf übernatürliche Weise vor sich gingen. Wie das ewige Wort den mütterlichen Schoß wunderbar in Besitz genommen hat, so hat es auch diesen Schoß wunderbar verlassen. Maria bewahrte diese Unversehrtheit bis zu ihrem Lebensende. Virgo perpetua, immerwährende Jungfrau, sagt von ihr der Heilige. Er ist einer der ersten Kirchenväter, der ein Jungfräulichkeitsgelübde bei Maria angenommen hat.

3. Augustinus lehrte zwar nicht die Unbefleckte Empfängnis, weil er noch keinen Begriff von ihr besaß, aber er kündet die Freiheit Mariens von jeder persönlichen Sünde, weil sie Mutter Gottes ist. «Ich will», sagt er, «daß, wenn es sich um Sünde handelt, von Maria durchaus nicht die Rede ist.»

4. Der Heilige versäumt nicht die übrige Tugendfülle Mariens herauszustellen, vor allem ihren Glauben, ihre Demut, ihren Gehorsam und ihre Jungfräulichkeit.

5. Tiefe Lehren trägt Augustinus über Maria und die Kirche vor.

Er sieht die physische Gottesmutterschaft nicht als das Höchste an, sondern ihre geheimnisvolle Beziehung zur Kirche und darin ihre Stellung zum Erlösungswerk Christi. Die Parallele Adam — Christus und Eva — Maria bildet die Voraussetzung. Christus ist das Haupt der Kirche, und er wurde es durch die Menschwerdung. Maria ist also Mutter Christi nicht nur, weil sie Christus geboren hat, sondern auch, weil sie in Christus uns, den Gliedern Christi, das Leben geschenkt hat.

Die Kirche ahmt die Mutter des Herrn nach. Dem Geiste nach ist sie unsere Mutter und Jungfrau. Mutter durch ihre Liebe, Jungfrau durch die Unversehrtheit des Glaubens. Auch Maria ist dem Geiste nach Glied Christi, aus Christus als dem Haupte geboren, aber sie ist dem Geist nach Mutter seiner Glieder. Andererseits steht die Kirche höher als Maria, denn diese ist ein Glied der Kirche, zwar ein hervorragendes, auserlesenes, aber eben ein Glied des ganzen Leibes, der Leib aber ist mehr als ein Glied, also die Kirche mehr als Maria.

6. Schließlich sieht Augustinus in der Mutterschaft Mariens eine Beziehung zu jeder einzelnen Seele. Wie Maria Christus in ihrem Schoße trug, so sollen wir Christus tragen im Schoß unseres Herzens. Seien wir nicht unfruchtbar, unser Leben sei in Gott fruchtbar. Ja, der einzelnen Seele ist es möglich, diese geistige Mutterschaft auch über die anderen Glieder der Kirche auszudehnen. Jede gottverbundene Seele ist eine Mutter in jenen, um die sie Wehen erduldet, bis Christus in ihnen gestaltet wird.

Wir spüren die Tiefe und Fruchtbarkeit einer solchen marianischen Haltung, die echt biblisch ist und auch ohne viel äußere Zeichen doch das zuletzt Wesentliche der Marienverehrung enthält: alles, was er euch sagen wird, das tuet. Wir spüren diesen Geist im folgenden Lobpreis.

Lobpreis des hl. Augustinus auf die Jungfrau Maria. Heilige Jungfrau Maria, wer kann dir gebührend danken, dich würdig loben und preisen? Du hast durch dein Jawort ohnegleichen der verlorenen Welt wieder Rettung gebracht. Wie sollen wir gebrechlichen Menschen dich loben? Nur durch deine Vermittlung haben wir den Zugang zu unserem wiedergewonnenen Erbe gefunden. So nimm denn unser schwaches Dankgebet an; es ist nicht das, was du verdienst. Nimm unsere Bitten entgegen, lege Fürsprache für uns ein und mildere unsere Schuld!

Trage unsere Bitten ins Heiligtum der Erhörung und bringe uns als Gegengabe Versöhnung! Durch dich finde Milderung die Schuld, deren Anwalt du für uns bist, durch dich Erhörung die Bitten, die wir vertrauensvoll vorbringen! Nimm entgegen, was wir dir vortragen; gib uns, was wir erflehen; mindere die Schuld, die uns ängstigt! Denn du bist die einzige Hoffnung der Sünder. Durch dich erhoffen wir Vergebung unserer Fehler; auf dir, du selige Jungfrau, ruht unsere Aussicht auf Lohn.

Heilige Maria, komme zu Hilfe den Armen, richte auf die Kleinmütigen, tröste die Betrübten, bitte für das Volk, flehe für die Priester, tritt ein für die gottgeweihten Frauen, laß alle deine Hilfe erfahren, die dein heiliges Gedächtnis begehen! Bereitwillig steh unseren Bitten zur Seite und bringe uns den erwünschten Erfolg! Deine stete Sorge möge es sein, zu bitten für Gottes Volk. Denn du, Gebenedeite, warst würdig, den Heiland der Welt zu tragen. Er lebt und herrscht in alle Ewigkeit. Amen.

DER HL. JOHANNES EUDES

Stifter der Eudisten

Wenn wir bald mit einer feierlichen Weihe an Maria den Maimonat beschließen und in den Herz-Jesu-Monat hineinschreiten, dann können wir das nicht schöner begründen als durch das Beispiel des hl. Johannes Eudes, der am 31. Mai 1925 heiliggesprochen wurde. Die Jugendzeit des Heiligen fiel in die Zeit der Glaubenskämpfe, die in Frankreich Jansenisten und Kalvinisten gegen die katholische Kirche führten. Der Vater war Arzt in der Normandie und seiner frommen Gattin würdig, die den kleinen Johannes nach mehrjährigem Gebet und einer Wallfahrt zur Gottesmutter vom Himmel erflehte. Ihrem Gelübde gemäß brachte sie dann das Kind auch wieder an den Gnadenort, um ihn dort Maria zu weihen. Fünf weitere Kinder folgten diesem erbetenen Gnadenkind. Denn ein Gnadenkind und Marienkind blieb Johannes sein ganzes Leben lang.

Als er 14 Jahre alt war, kam er zu den Jesuiten zur Erziehung, die ihn bald in die marianische Kongregation aufnahmen. Hier fand seine Marienliebe neue Nahrung. Durch das Gelübde immerwährender Keuschheit weihte er sich der Gottesmutter. Später verfaßte er darüber einen Vertrag, den er mit seinem Blute unterschrieb. Seine geistige Verlobung mit Maria zeigte er dadurch, daß er einer Marienstatue einen Ring an den Finger steckte.

Als er zum Priester geweiht war und am Weihnachtsfest sein erstes hl. Meßopfer feierte, da äußerte er: ein Priester habe eigentlich drei Ewigkeiten notwendig: eine für die Vorbereitung zur hl. Messe, eine für die Darbringung des hl. Opfers und eine für die Danksagung. – In Paris schloß er sich den Oratorianern an, mußte dann wegen Krankheit eine Zeitlang seine Tätigkeit unterbrechen, benützte jedoch diese Zeit so gut zur Fortbildung und zum Studium, daß er durch die nachfolgenden 50 Priesterjahre davon zehren konnte. Als er wieder predigen konnte, tat er es mit solchem Eifer, daß man ihn den Seelenfischer von Frankreich nannte. Seine Missionen dauerten 6 bis 12 Wochen und waren oft von 20 000 bis 40 000 Menschen besucht.

Wie er selbst durch das Gelübde seiner Mutter und sein eignes Gelübde die Gnade Gottes besonders erfahren hatte, so ermunterte er auch viele Städte und Dörfer in der Pestzeit, der Gottesmutter ein Gelübde zu machen. Man folgte seinen Worten. An allen Toren und auf allen Brücken wurden Bilder der Gottesmutter angebracht, und von dem Tage an, da man sich öffentlich unter den Schutz Mariens gestellt hatte, war kein Todesfall mehr zu beklagen.

Ein Gedanke schwebte ihm immer vor: durch guten Priesternachwuchs seiner Missionstätigkeit Dauererfolg zu sichern. Da man ihm bei den Oratorianern hierin keine Gelegenheit gab, gründete er 1643 eine eigene Genossenschaft, die den Zweck hatte, Volksmissionen zu halten und Priesterseminare zu gründen. Er nannte sie Kongregation von Jesus und Maria, heute Eudisten geheißen. Es war das Fest Mariä Verkündigung, als er seine erste Stiftung machte, und in der Folge gelang es ihm, noch sechs Priesterseminare zu gründen. Für die Betreuung verirrter Frauen und Mädchen stiftete er den Orden von Unserer Lieben Frau von der Liebe. Aus diesem Orden wurde später der Orden der Schwestern vom Guten Hirten. Für Personen, die in der Welt leben, gründete er die Genossenschaft der Kinder des Herzens der wunderbaren Mutter. Ihnen gab er caritative Aufgaben.

Schon im Gründungsjahr der ersten Genossenschaft setzte er für diese ein Herz-Mariä-Fest ein und verfaßte dafür Tagzeiten. Viele Bischöfe und Klöster übernahmen dieses Fest. 1652 legte er den Grundstein für eine Herz-Mariä- und Herz-Jesu-Kirche, schon vor den Offenbarungen des göttlichen Herzens an die hl. Margareta Maria. Papst Leo XIII. nennt ihn daher mit Recht den Urheber der liturgischen Verehrung des Herzens Jesu und Mariä.

Erschöpft von vielen Leiden, Verleumdungen und Arbeiten, verschied er in der Oktav von Mariä Himmelfahrt und wurde auch in einer Marienkirche in der französischen Stadt Caen bestattet.

Gebet zum hl. Johannes Endes. O Gott, Du hast Deinen hl. Bekenner Johannes wunderbar entflammt für die Förderung der Verehrung der heiligsten Herzen Jesu und Mariä. Durch ihn hast Du in Deiner Kirche neue klösterliche Familien erstehen lassen. Wir bitten Dich: wie wir seine frommen Verdienste ehren, so laß uns auch nach dem Vorbild seiner Tugenden uns bilden und durch seine Fürbitte die Zahl heiliger Priester in Deiner Kirche vermehrt werden durch Christus unsern Herrn. Amen.

DER GOTTSELIGE PAPST PIUS XII.

Wenn wir morgen die Weihe an Maria erneuern und den Monat Mai mit dem Feste Maria Königin beschließen, dann wollen wir auch jenes Papstes gedenken, der als marianischer Papst in die Geschichte eingehen wird und dem wir dieses Fest verdanken. Wir wollen hier nicht sein Lebensbild zeichnen, sondern nur auf einige Tatsachen hinweisen, durch die er sich den Ehrennamen eines Marienpapstes erworben hat. Am 8. Dezember 1939, am 40. Jahrestag seiner Primiz, hat er vor den Kardinälen selbst den Einfluß der Marienverehrung auf sein Pontifikat geschildert.

«Immer schon war Uns der Tag, welcher der Unbefleckten Gottesmutter geweiht ist, ein Freudenfest, da er in wunderbar geheimnisvoller Weise das Morgenrot der Erlösung der Menschheit heraufführt und die ersten hoffnungsvollen Zeichen der allgemeinen Freude bringt. In diesem Jahr aber erstrahlt der Tag noch freudiger, da Wir hier mit euch das Gedächtnis der acht Lustren feiern, die seit dem Beginn Unseres Priestertums verflossen sind. Diese größte Kirche der seligsten Jungfrau war Uns von Kindheit an äußerst lieb. Sie war Uns teuer, weil sie inmitten Unserer Vaterstadt wie die Wohnung der Mutter daliegt, wo die erhabene Königin der Engel und Menschen in ihrer Barmherzigkeit waltet, gütig herrscht, Versöhnung stiftet und Hilfe spendet. Sie war Uns so teuer, weil sie die Krippe birgt, in der nach frommem Glauben das Christkind wimmernd lag. Darum haben Wir diese Kirche, als Wir der Schar der Priester eingereiht waren und zum erstenmal zum Altar hintraten, ausgewählt und dort in der Kapelle, in der sich das Gnadenbild der Gottesmutter befindet, unter der freudigen Teilnahme der Eltern, Verwandten und Freunde die heiligen Geheimnisse gefeiert. In aller Aufrichtigkeit und Freude bekennen Wir es offen, daß Unser Priestertum, das von der Mutter Gottes her seinen weihevollen Anfang nahm, auch von ihr seinen Fortgang erhielt. Wenn Wir etwas Gutes, etwas Rechtes, etwas dem katholischen Glauben Nutzbringendes in Unserer ziemlich langen Lebenslaufbahn vollbracht haben sollten, so rühmen Wir Uns dessen nicht in Uns selbst, sondern in Gott und Unserer Herrin. Unter dem treuen Schutzmantel Mariens aufgenommen, haben Wir in den Zweifeln und Nöten, die Uns oft bedrängten, zur liebsten Mutter gerufen und sind niemals in Unserem Hoffen getäuscht worden, sondern erhielten von ihr Licht, Schutz und Trost.

Möge sie fortfahren, die treue Schutzherrin, ihren Schützling, der, mit der schweren Bürde des apostolischen Amtes beladen, ihres Beistandes bedarf, milde und gütig zu betreuen. Die hehre Gottesmutter, an deren Altar er dem ewigen Gotte zum erstenmal das Opfer darbrachte, der er für die reichlichen Gnadenerweise jetzt dankbaren Lobpreis bietet, möge seinen Bitten sich neigen!»

Was den Hl. Vater Pius XII. besonders mit Maria verbindet, das ist die Verehrung Unserer Lieben Frau von Fatima. Es ist, wie wenn die Gottesmutter ihm vom ersten Tage an ganz nahe sein wollte, denn an dem Tage, da Eugen Pacelli — das ist sein eigentlicher Name — in Rom zum Bischofsamt erhoben wurde, erschien in Fatima zum erstenmal die Gottesmutter am 13. Mai 1917. Kaum hatte er den päpstlichen Thron bestiegen, wurde ihm im Dezember 1940 der Wunsch der Gottesmutter von Fatima übermittelt, die ganze Welt dem Unbefleckten Herzen Mariä zu weihen. Diese Weihe vollzog der Hl. Vater am 8. Dezember 1942, und im Mai 1944 folgte die Einsetzung des Herz-Mariä-Festes für die ganze Welt. Als die düsteren Schatten des völkermordenden Krieges wichen, schenkte Pius XII. im Jahre 1950 der Welt das neue Dogma von der leiblichen Aufnahme Mariä in den Himmel. Schon 1954 folgte ein ganzes marianisches Jahr und dieses schloß mit der Einsetzung des Festes Maria Königin am 31. Mai. Mit dieser vom Hl. Vater für die Christenheit angeordneten Weltweihe wollen wir morgen den Monat Mai beschließen und jetzt das Gebet Pius' XII. zum Marianischen Jahr sprechen.

Gebet Pius' XII. zum Marianischen Jahr. Ergriffen vom Glanz deiner himmlischen Schönheit und getrieben von den Nöten der Gegenwart, suchen wir Zuflucht in deinen Armen, unbefleckte Mutter Christi und auch unsere Mutter Maria!

Voll Vertrauen hoffen wir, in deinem liebenden Herzen die Erhörung unseres innigen Flehens zu finden und den sicheren Ort inmitten der Stürme, die uns von überallher umtoben.

Wiewohl entmutigt durch Schuld und niedergedrückt von unendlichem Leid, bewundern und preisen wir den unvergleichlichen Reichtum der hohen Vorzüge, mit denen dich Gott vor allen anderen Geschöpfen überreich ausgestattet hat, vom ersten Augenblick deiner Empfängnis an bis zu dem Tage, an dem er dich in den Himmel aufnahm und dich krönte als Königin des Weltalls. O du lauterer Quell des Glaubens, betaue unseren Geist mit den ewigen Wahrheiten!

O du wohlduftende Lilie jeder Heiligkeit, durchdringe unsere Herzen mit deinem himmlischen Wohlgeruch!

O du, die das Böse und den Tod überwunden, flöße uns einen tiefen Abscheu vor jeder Sünde ein, die die Seele so verabscheuungswürdig für Gott und zur Sklavin der Hölle macht!

(O du Auserwählte Gottes! Höre auf das flehentliche Rufen, das in diesem dir geweihten Jahr aus jedem treuen Herzen zu dir empordringt.)

Neige dich über unsere schmerzenden Wunden, ändere den Sinn jener, die Böses tun. Trockne die Tränen der Bedrängten und Unterdrückten, stärke die Armen und Demütigen, lösche aus den Haß, mildere die harten Sitten, bewahre unserer Jugend die Blüte der Reinheit, beschirme die heilige Kirche. Bewirke, daß alle Menschen die Schönheit der christlichen Tugend erfassen.

In deinem Namen, der im Himmel in vollem Einklang erklingt, mögen die Menschen hier auf Erden innewerden, daß sie Brüder sind und die Völker Glieder einer einzigen Familie, über der die Sonne deines allumfassenden und wirklichen Friedens leuchten möge.

Nimm auf, o süßeste Mutter, unser demütiges Gebet und erflehe uns vor allem, daß wir dereinst, vereint in der Seligkeit mit dir, vor deinem Thron jenen Lobgesang wiederholen können, der heute auf Erden um deine Altäre erklingt:

Ganz schön bist du Maria, Du bist der Ruhm, die Freude und Ehre unseres Volkes. Amen.

DER HL. LUDWIG MARIA GRIGNION VON MONTFORT

Gründer der Gesellschaft Mariä

Am Ende des Maimonates müssen wir noch von einem Heiligen sprechen, der durch die sogenannte «Vollkommene Andacht zu Maria» geistigerweise Vater von Millionen Menschen wurde, die heute erkennen, daß Maria der letzte Weg der Rettung ist, und sich ihr ganz hingeben und weihen. Dieser Heilige ist der hl. Ludwig Maria Grignion, der aus einer frommen Advokatenfamilie mit 18 Kindern zu Montfort in der Bretagne stammte. Eine innige Liebe zu Maria und ein warmes Herz für fremde Not offenbart sich schon früh in dem Knaben. Im Jahre 1700 Priester geworden, erkannte er bald seine Berufung zum Volksmissionar. Je größer seine Erfolge wurden, desto größer war der Haß seiner Feinde und der Hölle. Von Diözese zu Diözese gehetzt, mußte er oft unter freiem Himmel predigen, weil ihm die Kirchen verschlossen blieben. Als alle Quertreibereien nichts nützten, suchte man ihn zu vergiften. Zwar gelang es durch sofortige Gegenmittel sein Leben zu retten, aber seine Gesundheit war zeitlebens erschüttert. Er bekam zu fühlen, daß die alte Schlange nicht nur gegen die himmlische Frau wütet, sondern gegen alle, die aus ihrem Samen sind. Desto reicher begnadete ihn der Himmel durch Wunder jeder Art: Krankenheilungen, Gabe der Weissagung und Herzenskenntnis, auffallende Gottesgerichte und Erscheinungen verliehen der Tätigkeit Grignions außerordentliche Erfolge, so daß seine Missionen massenweise Bekehrungen nach sich zogen.

All diese Erfolge waren nicht zum geringen Teil eine Frucht seiner ungewöhnlich tiefen Verehrung der Gottesmutter. Der Rosenkranz, den er schon als Kind täglich zu beten pflegte, wurde die mächtigste Waffe in seiner Missionsarbeit. Durch ihn erreichte er die Bekehrung der verworfensten Sünder. «Durch Maria zu Jesus», das war der Wahlspruch, nach dem er handelte und der die Seele all seiner Arbeit war. Gern nannte er sich Sklave Mariens.

Um die Rettung der Seelen durch Maria zu verbreiten, gründete er die Priestergenossenschaft der Gesellschaft Mariä und die Schwestern von der göttlichen Weisheit. Durch seine Bußstrenge und seinen apostolischen Eifer waren seine Kräfte schon mit 43 Jahren aufgezehrt. Bevor er 1716 starb, hinterließ er eine wahrhaft goldene Schrift, welche seinen Namen unsterblich machen wird, denn sie ist wohl der Höhepunkt jeder Marienverehrung. Von dieser «wahren Andacht zur allerseligsten Jungfrau» gilt das Wort des Herrn: «Wer es fassen kann, der fasse es.» Diese Andacht besteht darin, daß man sich ganz und gar der seligsten Jungfrau weiht mit allem, was man ist und was man hat, um durch Maria ganz Christus anzugehören, so daß man alles *für* Maria. alles *mit* Maria und alles *durch* Maria tue in der Absicht, dadurch alles besser *mit* Jesus, *für* Jesus und *durch* Jesus vollbringen zu können.

Im ewigen Wort, das Fleisch wurde und Knechtsgestalt annahm, erkannte Ludwig Maria das Vorbild einer ähnlichen Knechtshaltung für den Menschen. Die Andacht zum menschgewordenen Wort dehnt sich notwendigerweise auf Maria aus, die Christus den menschlichen Leib schenken durfte. In der Eigenschaft eines Knechtes, eines Sklaven, will sich der Christ voll und ganz Maria hingeben und durch Maria ihrem göttlichen Sohn. Das Grundlegende ist also die völlige Hingabe seiner selbst und allen Besitzes an die Gottesmutter. Leib und Seele mit all ihren Fähigkeiten möchte man nur nach dem Willen der Gottesmutter und ihres Sohnes behalten und gebrauchen. Man schenkt ihr alle Güter, überträgt ihr auch das Verfügungsrecht über die guten Werke und alle Verdienste. Diese Hingabe ist nicht eine einmalige Weihe, sondern muß ständig betätigt und bestätigt werden. Alles tun durch Maria, ihren Wünschen entsprechend, mit Maria im Gebete vor Gott erscheinen, Maria sich zum Vorbild nehmen, am Bilde Mariens sich von Zeit zu Zeit aufrichten. Nächstes Ziel ist Mariens Ehre, den eigenen Absichten und Ansichten ganz entsagen.

Der Feind alles Guten, der erkannte, welche ungeheuren Segensmächte dieser vollkommenen Andacht zu Maria innewohnen, wußte es zu erreichen, daß diese Handschrift anderthalb Jahrhunderte verborgen blieb; erst 1842 wurde sie entdeckt. Grignion sah das Schicksal dieser Andacht voraus: «Ich sehe rasende Tiere, die in ihrer Wut daherkommen, um mit ihren teuflischen Zähnen diese kleine Schrift zu zerreißen oder wenigstens im Stillschweigen eines Koffers zu begraben, damit sie nicht zum Vorschein komme. Sie werden selbst diejenigen angreifen, die sie lesen und in die Tat umsetzen wollen.»

Grignion bezeichnete als letztes Ziel dieser Andacht: «Würde die

Andacht zu Maria uns Jesus Christus entfremden, so müßte man sie als eine Täuschung des bösen Feindes verwerfen. Die wahre Andacht zu Maria soll uns aber gerade ein leichtes und sicheres Mittel in die Hand geben, um Jesus Christus zu finden.»

Ludwig Maria war der Überzeugung, daß in den Endzeiten vor dem Kommen des göttlichen Richters die Verehrung und Andacht zur Mutter Gottes einen großen Aufschwung erleben werde. «In den Letzten Zeiten wird Maria mehr als je in Barmherzigkeit und Stärke leuchten und erkannt werden. Maria ist der Weg, auf dem Christus zum erstenmal zu uns gekommen ist, sie wird auch der Weg sein, auf dem er das zweite Mal kommen wird, wenngleich nicht auf dieselbe Weise.»

Weihegebet des hl. Ludwig Maria. Im Angesicht des ganzen himmlischen Hofes erwähle ich heute dich, o Maria, zu meiner Herrin und Mutter. Ich übergebe und weihe dir als dein Sklave meinen Leib und meine Seele, meine inneren und äußeren Güter und selbst den Wert meiner vergangenen, gegenwärtigen und zukünftigen Werke, indem ich dir das volle Recht überlasse, über mich und all das Meinige ohne Ausnahme nach deinem Wohlgefallen zu verfügen.

Du wunderbare Mutter, stelle mich als deinen ständigen Diener deinem lieben Sohne vor. Durch deine Mitwirkung hat er mich erlöst, durch dich möge er mich nun aufnehmen. Du Mutter der Barmherzigkeit, erbitte mir von Gott die wahre Weisheit und nimm mich darum auf in die Zahl derer, die du liebst, die du lehrst und führst, die du hütest und schützest als deine Kinder und Diener. Du getreue Jungfrau, mache mich in allem zu einem so vollkommenen Schüler, Nachfolger und Diener der menschgewordenen Weisheit deines Sohnes Jesus Christus, daß ich durch deine Fürbitte und nach deinem Beispiel auf Erden zu Seiner Vollreife und im Himmel zu Seiner Herrlichkeit gelange. Amen.

INHALTSVERZEICHNIS

I. Teil

Heilige

II. Teil

Ordensstifter

Weitere Schriften des Miriam-Verlages

Grignion/Back:

Das Geheimnis Mariens

Die Lehre des hl. Ludwig Maria Grignion ist heute aktueller denn je. Es scheint die Zeit gekommen, auf die der Heilige mit Schriften und Lehren hingewirkt hat. Die Zeit, wo heiligmäßige Menschen im Geiste Mariens für Christus kämpfen und Seine zweite Ankunft vorbereiten. Die vorliegende Schrift, dargelegt, erläutert und mit einem Anhang erweitert von P. Dr. Back, birgt unschätzbaren Wert.

160 Seiten   DM 6,80

D. H. Magd:

Keine Lust am Untergang

Ein Wegweiser im Sturm dieser Zeit

All die Menschen, die nach einer Orientierung im Kampf des Lebens suchen, werden hier einer helfenden Hand begegnen. Die heutigen Menschen werden von Geistesströmungen hin- und hergerissen und selbst im religiösen Bereich ist alles im Wanken. Viele spüren, daß sie infolge starker Einwirkung ihrer Umgebung und der Massenmedien dem eigenen Untergang in moralischer und seelischer Hinsicht anheimfallen und suchen daher verzweifelt nach einem rettenden Strohhalm, um sich wieder aufzurichten und Sicherheit zu finden. Das vorliegende Buch will geistigen Halt bieten aus echter Liebe und Sorge um die bedrängten Menschen.

160 Seiten   DM 8,80

Ferdinand Ritzel:

Der Weg der geistigen Kindheit

Die Weisheit Gottes erwählt das Kleine, um das Große zu beschämen. Den sichersten Beweis finden wir im Leben der hl. Theresia von Lisieux, die uns den Geist der hl. Kindheit vorgelebt hat. Dies ist der schönste und sicherste Weg, der direkt zu Gott führt. Alle Schwierigkeiten können im Geist der Kindschaft Gottes am leichtesten gemeistert werden, denn hier kommt Gott dem Menschen ganz nahe. Seelische Einsamkeit verblaßt, sie weicht der beglückenden Freundschaft mit Gott.

160 Seiten   DM 8,80

Benedikt Stolz OSB:

Die Macht Mariens über die Dämonen

Man mag über Besessenheitsfälle lächeln und sie ablehnen, aber damit ist deren Existenz nicht abgeschafft, und für die Zukunft verhindert. Auch hier hat die Bibel recht, wenn sie uns Besessenheitsfälle und Teufelsaustreibungen schildert. Auch in unserer Zeit gibt es sie noch, weil Satan bis ans Ende der Zeit wirken kann. Einen sehr interessanten Fall schildert uns dieser Tatsachenbericht (mit kirchlicher Druckerlaubnis), den man nicht ohne geistigen Nutzen liest.

112 Seiten DM 5,80

Franz Burger:

Die große Versöhnerin

Maria im Heilsplan Gottes, – in der Heilsgeschichte ihres Volkes und der Menschheit, – die Mitwirkende bei der Erlösung. Maria ist Gottesmutter, – aber auch unsere Mutter. Sie ist das Urbild der Erlösten, – sie ist unser Anwalt und unsere Fürsprecherin. Sie ist die Überwinderin Satans – die neue Eva. Sie hat die Aufgabe, die Menschenkinder zu Gott – ins Paradies zurückzuführen. Sie führt uns in die Gnade und Kraft ihres Sohnes zur wahren Versöhnung mit Gott.

176 Seiten DM 8,80

K. M. Harrer:

Die schönsten Mariengeschichten

Keine Legenden oder frommen Dichtungen, sondern Geschichten aus dem Leben, in denen in besonderer Weise das wunderbare Wirken der Gottesmutter sichtbar wird. – Alle Geschichten sind geeignet zum **Vorlesen** in Schule, Gruppe und Familie. Eine kurze **Angabe über Inhalt und Lesedauer** will die praktische Verwertung erleichtern.

Sammelband, 320 Seiten, (Heft 1–8) DM 12,–
Einzelhefte Nr. 1–5. Preis pro Heft DM 1,80

K. M. Harrer:

Erlebnisse mit der wunderbaren Medaille heute

Die geschilderten Begebenheiten bestätigen die wunderbare Hilfe Mariens, wie sie es selbst bei ihrer Erscheinung im Jahre 1830 in Paris verheißen hat.

7 Einzelhefte. Preis pro Heft DM 1,30

MIRIAM-VERLAG · D-7893 JESTETTEN